سرزمین من
بانوی من

مجموعه شعر

منوچهر کوهن

سرزمین من بانوی من

مجموعه شعر: منوچهر کوهن

چاپ نخست: ۲۰۲۰ میلادی - ۱۳۹۹ خورشیدی - ۲۵۷۹ ایرانی خورشیدی

ناشر: شرکت کتاب

موضوع: شعر معاصر ایران

شابک: ۹۷۸-۱-۵۹۵۸٤-۷۵۰-۸

My Homeland, My Lady

By: Manouchehr Cohen

Edition - 2020

Published by: Ketab Corp. USA

Subject: Persian Contemporary Poetry

I S B N: 978-1-59584-750-8

© Manouchehr Cohen

Ketab Corp.
Tel: (310) 477-7477
Fax: (310) 444-7176
www.Ketab.net

All rights reserved. No part of this book may be reproduced or retransmitted in any manner whatsoever except in the form of review, without permission of the poet.
Manufactured in the United States of America

تقدیم به:

سرزمین های سه گانه ام که با وابستگی
احساسی به آنها زیسته ام و سروده ام
سرزمین پدری ام... **اسرائیل**
سرزمین مادری ام... **وطنم، ایران**
زیست گاهم... **امریکا**

با یاد بخیر، شادروان استادم "نصرت الله ضیائی"
وبا تشکر و تقدیر از دوست فرهیخته ام آقای "فریدون فرح اندوز"

تقدیم به خانواده عزیزم .... همسرم ، به ویژه فرزندانم:
سرکار خانم دکترشهرزاد کوهن و سرکار خانم دکتر شارونا کوهن
که در تمامی راه زندگی سخت و پر از سرازیری و پُرشیب من ...
همواره و در هر حال ، پشتیبان واقعی من بوده و هستند و هرگز
"حتی روزی یا لحظه ای" مرا دراین غربت و تبعید اجباری تنها نگذاشتند
دامادهای عزیزم : آقایان کامیار مارونی و دکتر ادوین هارونیان
نوادگان دلبندم: جاشوا، جاسمین، ایلان و اِما

کلیه حقوق محفوظ است.
آبان ماه ۱۳۹۹ خورشیدی
نوامبر ۲۰۲۰ میلادی
لوس آنجلس - کالیفرنیای جنوبی

سرزمین من، بانوی من

مجموعه شعر ... منوچهر کوهن

چاپ اول .... آبان ماه ۱۳۹۹ خورشیدی (نوامبر ۲۰۲۰ میلادی)
لس آنجلس - امریکا
طرح روی جلد: منوچهرکوهن
ناشر: شرکت کتاب
اسپانسر: Auditory Processing Center
شابک: ....

کلیه حقوق محفوظ است

سایت های اینترنتی شاعر...:
Face book: Manou Cohen
Ancient Persian Culture & Literature
فرهنگ و ادبیات فلات قاره ایران
منوچهر کوهن / You tube: Manou Cohen
رویاهای شاعرانه Cohenpoem.com

کتب چاپ شده شاعر:
۱- ذوق حضور، مجموعه اشعار ۱۳۶۸ شمسی تهران ، نایاب
۲- در آوار دریا، مجموعه اشعار ۱۳۶۹شمسی، تهران، نایاب
۳- برای که بسرایم، مجموعه اشعار، ۱۳۷۵ شمسی، تهران، نایاب
۴- گزیده از تاریخ معاصر یهودیان ایران (خاطرات حاخام یدیدیا شوفط)
۲۰۰۰ میلادی لس آنجلس (چاپ دوم)
۵- مزامیر پنهان، مجموعه اشعار، ۲۰۱۶ میلادی، لس آنجلس

از کلیه صاحب نظران و خوانندگان ارجمند تمنی دارد، نظرات
خود را به ایمیل: manoucohen26@gmail.com
ارسال و یا به تلفن 294-4600 (310) تکست نمائید.

فهرست کلی مجموعه :

صفحه	عنوان
۶	بعنوان مقدمه... و اما شعر
۷	گزیده نقد و تحلیل استاد خانم دکتر سیما داد
۱۹	گزیده نقد و تحلیل استاد امیر حسین دهقان
۲۷	گزیده نقد و تحلیل استاد عبدالعلی دستغیب
۳۱	فهرست اشعار ملی و میهنی
۹۱	فهرست اشعار اجتماعی
۱۴۷	فهرست اشعار عاشقانه
۱۸۳	فهرست اشعار من و دلتنگی ها
۱۹۹	فهرست اشعار قومی و قبیله ای
۲۱۰	فهرست اشعار شخصی و خانوادگی
۲۲۱	تأملی در زندگی مهندس منوچهر کوهن

بعنوان مقدمه:

و اما شعر

تو مپندار که من شعر بخود می گویم
تا که هشیارم و بیدار ؛ یکی دم نزنم (مولوی)

شعر ، طلوع خورشید بی غروب است
آفتاب زندگی بخش است
که گاه گاهی ... می تابد
و بارانی است که گه گاه می بارد ... و می رویاند

شعر ، آفرینش بی مرگ، ...جاوید است
شعر ، غنچه ای است که می شکوفد ... ومی شکوفاند
شعر ، عنبر ماهی ... مشک و عود آهوست
رایحه سرشاری که جهان را عطر آگین می کند

شعر ، گشاینده ی رازها و رمزهاست
شعر ، محبت است ، مهربانی است، .... عشق است
شعر ، حیات است ، مایه بالندگی ، پالودگی ، و پایندگی زندگی است

شعر ، خود،... تمام هستی است
و شعر برای من، نفس است
و سهم مهمی از زندگی است

آگوست 2019 میلادی - مرداد 1398 خورشیدی
لوس آنجلس/کالیفرنیا

با یادآوری محبت آقای دکتر ناصر انقطاع

گزیده هایی از نقد و معرفی و تحلیل مفصل مجموعه شعر "مزامیر پنهان" اثر منوچهر کوهن
توسط خانم دکتر استاد "سیما داد"
دارای دکترای ادبیات تطبیقی از دانشگاه سیاتل امریکا
و استاد دانشگاههای ایران و امریکا

مجموعه شعر "مزامیر پنهان" اثر منوچهر کوهن به ضمیمه‌ی فصلنامه‌ی "بررسی کتاب"، بهار ۱۳۹۴ (شماره ۸۱) در کالیفرنیا، شامل ۳۸ شعر به سبک شعر سپید یا شعر آزاد است. اشعار مجموعه‌ی مورد بحث در واقع در ملتقای ژانر اشعار عارفانه‌ی فارسی و اشراق شرقی قرار دارد. درونمایه‌ی اصلی اشعار بیانگر اندیشه‌ها و تاثرات شاعر در باره‌ی ماهیت عشق، تجلی آن و نقش بود و نبودش، از نگاه شاعر در ساحت حیات فردی و اجتماعی است. اگر چه هر شعر مجموعه، هویت مستقلی دارد، اما همه‌ی آنها در حکم تصاویر متکثری هستند، برای تعریف عشق، آنهم عشقی عمیق و فراگیر که در جان جهان جاری است، منشا پویایی و حرکت و زندگی است، قابل گنجانیدن در ظرف محسوسات نیست، و در عین حال، چون بند تسبیح باعث پیوند درونی میان موضوع های مختلف می شود، این درونمایه اصلی در کتاب حاضر در چهار زیرگروه موضوعی متبلور است که به ترتیب عبارتند از : اشعار غنایی مبتنی بر تجربه‌ی عاشقانه‌ی گوینده. دسته‌ی دوم به مشاهدات گوینده از طبیعت و همحسی با آن می پردازد،

دسته ی سوم، موضوعاتی رادر بر می گیرد که جستجوی شاعر را برای هویت فردی و جمعی خویش بیان می کند.

و دسته ی چهارم برعنصر مکان و مکانمندی تکیه می کند. همه ی خصوصیات ذکر شده:

ماهیت ایمانی دغدغه های شاعر را نسبت به عشق به منزله ی یک مذهب بازگو می کند، و در این راه چون رسولی، پیام آور عشق پویا و هستی ساز می شود.

که سعی دارد، جلوه های الوان آن را با بهره گیری از امکانات بیانی و ترکیب سازی های اغلب نو به فرادید خواننده بیاورد، **و البته در این راه اغلب موفق عمل می کند.**

نمونه ی اینگونه تعبیرسازی های بدیع را می توان در عنوان مجموعه و در آمیختگی حس شنیداری که درلفظ "مزامیر" مستتر است، با حس دیداری که با صفت "پنهان" القا می شود، مشاهده کرد.

ترکیب این دو حس بطور آگاهانه یا غیر عامدانه ما را به وسعت دایره ی ادراکات شاعرانه در سخن از عشق به مفهومی فراتر از تمایلات احساسی رهنمود می شود: عشقی که شاعر از آن سخن می گوید با تلمیحات پیدا و پنهان از جنس عشق عارفانه و جهان شمولی است که منشا حرکت و حیات است،

و پیشتر در مولانا، حافظ ، با یزید بسطامی , خیام و در آیین بودا تجلی یافته است.

او محو بود ...اوهام شد... / ... او نقش بود ... نقاش شد

او پیدا بود ... پنهان شد ... / ... و او شعر بود. . . . شاعر شد

اواز خواند و لطافت نغمه اش، تمامی جان و جهان .../... و گستره ی فضا را فراگرفت و آن گاه عشق بارید... / ... و رود و سنگ و صخره به رقص ... وکوهستان , به پایکوبی و پرواز در آمدند ...

و ریزش آبشار شور زندگی از نو شروع شد..../ ...

(غروبانه)

چنین عشقی کیمیایی است که انسان به یمن آن " راستین" و کامل می شود چرا

که چنین انسانی نه با عقل حسابگر تعریف می شود:
(تندیسی از سنگ، با سری زنده/ همه حرف؛ همه اندیشه؛ اما؛ بی اندک عمل ... بی ریشه) ؛ نه با کارو تلاش بدنی هویت می یابد (همه حرکت ، ... جنبش و کوشش/ ولی بی هدف، بی فکر، خالی از هر چه اندیشه)؛ نه حاصل تقلید است (مترسکی ست در هیأت انسان / بی تفکر ... بی احساس ... بی درد ... بی فریاد/ اما می تکاند سرو دست را در پی هر باد) ؛ و نه با انفعال زاهدانه کمال را بدست می آورد (هم تنی جاندار دارد و هم ، سری پر خون/ لیک هم سان مترسک و تندیس / بی اندیشه ، بی صدا ... بی هدف؛ بی تحرک ، بی فردا).
و چنین انسانی به زعم شاعر نایاب است:
دریغ و درد... جای عشق ... جای انسان راستین خالیست.

(انسان راستینم آرزوست)

محسوسات فقط نشانه های چنین عشقی هستند، نه ذات آن:

" ندا آمد ... نیک بنگر .../ ... گر تو، خود باور داری /
که، ... هوشیاری و بیداری!!!/
این دیدار یار است/ در بی گاهان بیداری" ...

(بی گاهان)

نه ...! نه ...! هرگز...   نه به چهره و چشم و نگاه ...
و نه به هیچ نشان دیگری....   هرگز بازت نشناخته ام ...
دریغا ... . نمی دانم از چیست که خاطرم هنوز ...
... تنها مشتاق ناز و نشانهای جان تست ...

(به آن که ، آنی دارد)

<u>عشقی، چنین مثل هوا در ذرات هستی جاری است ، و تجربه ی آن هم موجب جاری شدن و روندگی است</u> تا به حدی که حتی :
آن پنجره ی آبی ... رو به جنگل و دریا ...
که هردم چشم می گشایی... امیدی ، جوانه ای ... از آن سرک می کشد ...

گولی است ..... در هبوط هولناک فریب ...
پس توصیه می کند ... "هر گز به خاک و آب دل مبند
" بلکه "عشق را دریاب" ... / ... تا "جاری شوی"...
(لحظه عشق)

چنین عشقی درزندان تن یا خاک جای نمی گیرد:
اما تو همچنان , ... لغزان و گریزان ...
هرگز در یک جا درنگ مکن. . . . آری برو, برو ... دور شو ...
و همیشه پنهان باش از همگان .... (جز غم چه هنر دارد عشق؟)
بلکه همه ی جهان و هستی را در بر می گیرد:
با من از عشق سخن بگو ... / ... با زبان جنگل .../ ... با زبان دریا ...
آن سان که ... ستارگان رها در فضا... در مدار عشق ، می رقصند و می روند
. . . و هرگز نمی رسند. . . می مانند و در نمی مانند .... (زبان بی کلام)
آه ... اگر عشق باشد ... هر چند دمی دیر ... هر چند کمی دور ... (اگر عشق باشد)
شاعر در این تجربه ی روحانی تا بدانجا پیش می رود که شعرش از عشق
جان می گیرد و با آن یکی می شود:
و او شعر بود... / ... شاعر شد... / ... آواز خواند ... / ... (غروبانه)
پس زندگی بدون عشق یعنی: .../ ... کابوسی بی رحم .../ ...
.... در میان دو لحظه تابش شعر .... (نوروز در مرداب)
از دل نابودی در این عشق ، هستی سر بر می آورد:
همه بود و هیچ نبود .../ ... هیچ نبود و سرشاری بود ... / ...
صورتی بود ، بی چهره ... / ... موجودی بود ، جادویی ... جاری ... / ...
وهمی در فضا ... / ... نوری در چشمه... / ... جانی سیال ... اثیری
هشیار و بیدار ... / ... بسیار ، نگاه کردم ... / ... خودی ندیدم ...
(در هوس سیمرغ و کیمیا)
چشمانم را بستم ... / ... رویایم ؛ چون شناگری ماهر ...

و غواصی جستجو گر... / ... در دریای مواج وجودش ...
به شکار صدف های نهفته اش رفت... / ... و او شعر شد ...(غروبانه)
همانقدرکه حضور و حدوث عشق مایه ی حیات و حرکت و زایند گی است ،
در شعر های دریغایی ، نبودعشق ، برابر با مرگ و ویرانی وگمگشتگی است:
جسد قطعه قطعه سال پار... / ... و پاره پاره ی تن روزها و هفته ها ...
در گوشه و کنار گورستان... / ... آسمانم را ... زمانم را گم کرده ام ...
(نوروز در مرداب)
هماره... / ... در جمع تنها خواهی ماند ... / ... و در میان همگان ... ،
بی عشق خواهی زیست .../ ... و نه ... بر سراسر خاک مکانی ... / ...
بی رنج برای کف پایت .... (مزامیر ناسروده)
در نبود عشق ، حتی دشتهای ذهن شاعر هم سترون است:
دریغا ... / ... ا ز جهان واژگون .../ ... و واژگون واژگان دیگرگون ... / ...
دریغا ... دریغ ... / ...
(حدقه های تپنده)
وقتی عشق و شعر یکی می شود ، روح شاعر با جان جهان در می آمیزد ، بطوری که پدیده های طبیعی و بیرونی آینه وار , حالات روحی و درونی شاعررا بر می تابد. این اشعار گروه دوم از موضوعات چهار گانه ی مجموعه است. در "پاییزان" سکوت و سکون فراگیر پاییز (خاک خشک عریان / در انتظار برگ ریزان درختان است) . در "شرح شکن زلف خم اند خم پاییز" رقص معصومانه‌ی برگ ، در زیر بارش مرگ ، به شیوه ای دراماتیک و زنده ، مرگ خلاقیت شاعر را در زیر بارش مرگبار رنگ ها و نیرنگ ها تجسم ، می بخشد ، و در "چهار سوی ویرانی" ، حالت درونی گوینده در اسارت چراغ قرمز های زندگی روزمره با توصیف بی عملی پرنده تجسم می یابد:
اما پرنده فالگیر، دیگر نمی خواند ... / ... دیگر... نمی پرد ...
دریغا؛ دریغ .... / ... چراغ بی هوده سبز می شود ...

(چهار سوی ویرانی)

در دسته ی سوم اشعار ، با ذهن آگاهی رو ، در روییم ، که سخنگوی سرگشتگی انسانهایی (ایرانیانی) است در برزخ دو گانگی هویتی و در حسرت یافتن نیمه ی گمشده ی تاریخی خود ، در شعر "قهر عتیق خدایان" که در چغازنبیل سروده شده ، مشاهداتش از باز مانده های اعصار و قرون گذشته او را نسبت به دو پاره شدن هویت تاریخی و فردی اش آگاه می سازد:

"منفجر و سوزان ... / ... آخر بگوی بامن ... / ... از کدامین قبیله ام دیگر، هویت و نام من چیست ...؟ / ... و خاک گمشده ام کجاست ...؟ (قهر عتیق خدایان) ...

و در "قبیله ای روانه در بستر قرون" انسانی است که در پی هویت جمعی خود سرگردان است:

"چه زمان خود را / و مکان خود را باز خواهم یافت؟/ کدام آیینه مرا به من باز خواهد شناساند؟".

او میان تأمل بر ویرانه های باستانی شوش به موجودی دو نیمه بدل میشود که پاهایش با "ستون های باستانی" او را تا انتهای عشق به ریشه های تاریخی اش می برد و دلش او را به جانب افق های دور در پی "رویاهای رنگین زندگی می رباید" و این وضعیت او در واقع بازتاب وضعیتی است که "قبیله" اش با "اواره" گی "در بستر قرون" تجربه میکند. حتی این درونمایه‌ی اجتماعی و تاریخی از عشق شاعر به هویتی که خواه و ناخواه لطمه دیده و او در جستجوی آنست الهام می گیرد:

و اما ... ای جادوی جاودانه جهان!! ... / ... بگذار از جای پای سپیدت ... / ...

بر سیاره ی سیاه ما... / ... نقش امیدی بر جای بماند ... / ...

و پرتو نور و نگاه روشنت ... / ... بر تاریکی فصول جهان

آبی عشق را بنگارد.... / ... آه ... بگذار ..بگذار .... (جز غم چه هنر دارد عشق؟)

شاعر دربیان حساسیت های اجتماعی و تاریخی خود از تلمیحات موفقی بهره می

گیرد. برای مثال:
"و مدفن و مزارم کجاست ؟ ... / ... در خاک غوطه ور در نفت و بنزین ؟ ... / ... یا زمینی موعود و آغشته به شیر و شهد و شراب؟"

که اشاره ای ظریف دارد به وضعیت خود شاعر به عنوان سخنگوی خیل عظیمی از مهاجرت کنندگان ایرانی در سرزمین های غربی به عنوان مهد نیش و نوش و آغوش ، و دو پاره شدن هویت فردی آنها .

اشعارگروه چهارم ، به محور مکان و رابطه اش با عشق استوار است. مکانمندی ویژگی بارز این مجموعه است به این معنی که جز برای یکی، برای هیچکدام از اشعار زمان ذکر نشده ، اما همه‌ی آنها مکان دارند. گاه مکان برای شاعر مفهومی فیزیکی ندارد . بلکه اشاره به قرابت روحی و درونی، از جنسی دارد که مولانا همدلی و همزبانی می خواندش:

اما گاهی... / ... در یک خانه... / ... در یک اطاق ... / ... کنار هم
از دو سوی یک میز یا در یک بستر... / ...در سکوت به هم خیره می نگریم.../...
بی لبخندی ، بی تکان دستی ... / ... بی نشانه محبتی ، الفتی ، انسی...
(نوعی زندگی)

مکانمندی اشعار ، رابطه ای مستقیم با مفهوم عشق دارد: در خطاب به انسانی که عشق را نشناخته ، از قول هاتف می گوید: "هماره / در جمع تنها خواهی ماند / و در میان همگان/ بی عشق خواهی زیست/ و نه ... بر سراسر خاک مکانی / بی رنج برای کف پایت" (مزامیر ناسروده) . در شعر "بر فراز ابرو مه" که در لس آنجلس سروده شده است . پیوند میان حضور عشق و مکان آشکار است. در حالی که درونمایه ی اشعار سروده شده در ایران عمدتا حسرتی در نبود عشق است.

(نوروز در مرداب ؛ وزش واژگان ؛ زبان بی کلام؛ شرح شکن زلف خم اندر خم پاییز، قهر عتیق خدایان ، سکوت غنچه ها؛ حباب تاریخ ؛ قبیله ای روانه در بستر قرون ؛ شور غم عشق ؛ چهار سوی ویرانی ؛ حدقه های تپنده ؛عطش ؛ آرزو ؛

اشراق ؛ راه) درونمایه اشعار سروده شده در سرزمین های دیگر بیشتر به تجربه ی عشق می پردازد ،تو گویی در سرزمین های دیگر شاعر فرصتی می یابد تا به ماهیت عشق و به روایت احساس وجود عشق و تجربه ی عاشقانه – عارفانه بپردازد.

اما آنچه به این مجموعه مثل هر شعر قابل اعتنای دیگری تشخص و تاریخمندی، هم به مفهوم زمانی و هم به مفهوم مکانی، آن می بخشد، شیوه‌ی بیان و پرورش چنین مضمونی بواسطه‌ی تصویر گری های خاص او ست. تصویرگری های اشعار منوچهر کوهن برگرفته از شگردهای زبانی و بلاغی و ساختار اشعار اوست. در خصوص ساختاری می توان به خوبی تاثیر پذیری کوهن را از فشردگی تصاویر هایکو های ژاپنی در اشعاری چون

"سکوت غنچه ها"، "توهم"، "که یاد خوشش باد روزگار وصال"، "آرزو" و "بارو" مشاهده کرد.

در شعر "در هوس سیمرغ و کیمیا"

تصویر رعد و برق و بارش باران کوتاه ، و هایکویی است :

"رعدی به شیشه ی آسمان /

و رعشه ای بر تن خاک / و بارش باران ، بی پایان" .

انتخاب تصویر سازی های هایکویی بدرستی در خدمت تجربه ی عرفانی عشق قرار می گیرد.

در عین حال این فشردگی به لحاظ ساختاری درپاره ای اشعار، ترجمانی تحول یافته از تک بیت ها یا مفردات را در سنت کلاسیک شعر فارسی تداعی می کنند. برای نمونه ، سه بند کوتاه شعر "که یاد خوشش باد روزکار وصال" مثل دو مصراع یک تک بیت عمل می کند: مصراع اول به توصیف "لحظه" می پردازد و مصراع دوم به گذر آن... پاره ای اشعار در عینیت بخشیدن به محتوای شعر از رهگذر ساختار خیلی شاخص هستند . در شعر "چهار سوی ویرانی" عدد چهار هم در زبان و هم در تقسیم بندی ، بندهای شعر به محتوای شعر عینیت

می بخشد. به لحاظ موضوعی شعر از چهار تصویر درست شده: تصویر اول مشاهده ی شهر "مضطرب" است.

از زاویه دید گوینده، تصویر دوم مربوط به کودک فال فروش است و پرنده ای که او هم مثل راوی از خواندن و پریدن باز مانده است ؛ تصویر سوم ، باز به حالت درونی شاعر و هم هویتی او با پرنده می پردازد: "ویرانی پسرک .../ ... آوار و آوازِ حسرتِ من ..." و سطر آخر که توصیف بی عملی گوینده با وجود باز شدن راه است ، درست حال آن پرنده را دارد که دیگر نمی تواند به پرد ... / ..."چراغ بی هوده سبز می شود"

گاه تصویرگری از رهگذر معادله ممکن می شود: در شعر "که یاد خوشش باد روزگار وصال" تمام شعر بر مضمونِ گذر زمان و رویکردِ دم غنیمتی ، خیام‌وار، استوار است که با استعاره ی پرنده و با کنایه به تصویر کشیده شده:

"و آن لحظه / پرنده ای بهشتی بود / و بناگاه بر دست تو نشست .../ ...

و تو پنداشتی وصال ابدیست / دریغا .... دریغ .../ .... نمی دانستی .../ ...

پرنده ... ، پریدنی است"

در"پاییزان" شاعر یک تابلوی دراماتیک نقاشی از پاییز ترسیم می کند، تا تضاد میان رقص برگ و بارش مرگ را ، دیداری، کند به این معنی که بندهای شعر بصورت دو ستون نسبتا موازی روی صفحه قرار می گیرند: بند مربوط به برگریزان در سمت راست و بند مربوط به مرگبارش، با اندکی فاصله در طول صفحه در سمت مقابل قرار می گیرد. بیخبری کودکانه ی برگ از سرنوشت محتومی که منتظرش است، نوعی آیرونی دراماتیک خلق می کند که با طولانی تر بودن بند دوم ، تأثیر غلبه ی مرگ را بر شادی بیخبرانه ی برگریزان تقویت می‌کند، و تاثیر آن با جمله ی پایانی ستون دوم که حکم نتیجه گیری این دو تقابل را دارد و مثل ضرب پایانی یک سمفونی عمل می کند، بیشتر می شود:

"باید پاییز رسیده باشد".

از دیگر شگردهای شاعرانه که موفق به انتقال حالات درونی شاعر می شود

باید به جانشین سازی اشاره کنیم. جایگزین سازی یک کلمه با کلمات دیگر در ساختارهای مکرر، نمونه ای ازکاربرد این تکنینک برای معنی سازی است:

" آسمانم را ... زمانم را گم کرده ام"

آسمان و زمان یکی می شود. در نتیجه ی واگردانی، عبارات کلام گاهی لحنی کنایی و توام با طنزی تلخ، می گیرد:

"مشعل آزادی است ...؟ /یا مشعلی ... بر گور آزادی؟"

(زنجیر ها و انگاره ها)

همچنین است " و قایق هایی که با آرامش و صبر ایوب بر آب آرمیده اند/ با ماهیان و ماهیگیران/ که نمی دانی کدامیک اسیر تور شده اند ...؟"

(دریای مرمره)

استفاده ی مکرر جناس های آوایی از دیگر ویژگی های برچسته بیانی در کار منوچهر کوهن است که به وسیله ی آن موفق می شود حس درونی شاعر را بصورتی دراماتیک و زنده منتقل کند. به چند نمونه نگاه کنیم:

القای حس وحشت و حیرت گوینده با تکرار صدای "ه" و "و" در "از فراز دهلیز های هول و هراس دهر" (رقصی چنین در میانه میدان)

تاکید بر پوشید گی با تکرار صدای آغازین پ در "حبابی بود، رقصان بر موج شرابی / یا پرده ای ... یا که پنداری ...؟ نمی دانم ..." (حباب تاریخ)

در شعر " جز غم چه هنر دارد عشق؟" تکرار صدای "گ" در کلمات متصل ، به انتقال حس رخوتناک شاعر کمک می کند:

"در عطرهای وهم انگیز بازار عطاران/ در بوهای گیج و گنگ گلزاران" و تکرار صدای "ج" که در عبارت "و اما ... ای جادوی جاودانه جهان!!" ذهن را به جانب جادو می کشاند.

همچنین است تأثیر بازی با صدای "ز" در این سطور "انگاره سازان / زبان ها را زنجیر کرده اند / و زمان ها را زهر آگین" (زنجیر ها و انگاره ها) که تقابل های متضاد و معنی داری خلق می کند. تکرار صدای "ژ" دربا تداعی واژگونگی در

"حدقه های تپنده"تکرار"و" و "گ" حس وارونگی را القا می کند:
"واژگون واژگان دیگر گون".
در عین حال "واژگون" هم می تواند به معنی شبه واژه باشد هم به معنی برگشته. این ایهام ، به تصویر حتی غنای بیشتری می بخشد.
همچنین است تکرار صدای "س" در "و گذر تو بر سحر و سکوت جاری سحری" (دریا ی مرمره) که حس خلسه آمیز گوینده را به خواننده القا می کند.
در پاره ای تصویر ها ، جناس های آوایی معنی سازیهای بدیعی را خلق می کند مثلا در "پژواک ها ی مرموز خاک/ می خواندم غمناک"
(قبیله ای روانه در بستر قرون- شوش) که با قافیه کردن "پژواک / خاک / غمناک " شاعر دلتنگی اش را برای زادگاهش بیان می کند. یا در قافیه کردن "اسیر" و "امیر" که به خلق معادله ای از تضاد ها منجر می شود :
"و بود و نبودت هیچ تفاوت نمی کند / خواه اسیر باشی ، خواه امیر / اگر هزاران هزار جان فنا شود" (چون از این غصه ننالم).
از این دست تصویر سازی ها می توان به قافیه کردن فانوس و ناقوس در:
"آی باران برهنه بهاری / شوینده پلشتی های زمستان / بر مدفن فانوس های خاموش جهان / بر مزار همه ی ناقوس های نا آرام"
(قهر عتیق خدایان)
اشاره کرد. اگر چه پای بندی به قافیه سازی توجه به تناسب میان عناصر استعاره در "مزار ناقوس نا آرام" حتی به منطق زبان شاعرانه لطمه می زند.
نگاه کنید به تعبیراتی چون:
" دریاهای کویری" و "امواج خاک" ، "پرندگان بال بریده"
(قهر عتیق خدایان)
"همه بود و هیچ نبود/ هیچ نبود و سرشاری بود"
(در هوس سیمرغ و کیمیا)
"نوروز در مرداب" آیا می توان تصورکرد نو شدن و حرکت در سکون مرداب

شدنی است؟

تصویر های پارادکسی ، یعنی تصاویری که از جمع دو واژه ی نقیض هم درست می شود. گونه ی دیگری از تکنیک معنی سازی در این اشعار است. برای نمونه بر اساس بررسی های بالا می توان ادعا کرد که "مزامیر پنهان" به لحاظ مضمون تلفیق موفقی است از ژانر اشعار فلسفی- عرفانی شعرای کلاسیکی چون حافظ و مولانا و عرفان بودیسم که این همه را با تسلط بر ویژگی های زبانی و آوایی فارسی ، رنگ و بویی تازه و بدیع می دهد.

اما در کنار توفیق بالای شاعر باید اذعان کرد که وجود لحظات ضعیف دربیان شاعرانه یا در شیوه ی ارائه در پاره‌ای موارد خواننده را متعجب می کند. این نکته مخصوصا در مورد تصاویری صدق می کند که به عباراتی صریح و شعاری تنزل می یابند. نمونه هایی از قبیل:

با این همه ... من و تو ... آری من و تو ...

طوفانِ ستمِ انسان ستیزان را

زمین گیر خواهیم کرد ...

(رقصی چنان مانا در میانه میدان)

در خاتمه باید به آقای منوچهر کوهن به خاطر رسانگی موفق بیانی و زبانی‌اش در اکثر اشعار مزامیر پنهان تبریک گفت . پیداست که رسیدن به این درجه از تسلط زبانی باید محصول ممارست های طولانی باشد که شاعر طی چند مجموعه شعر، پیشتر از سر گذرانده است. امید که در آینده شاهد کارهای دیگری از این ایشان باشیم .

نگاهی به مجموعه ی شعر
" مزامیر پنهان " منوچهر کوهن
از استاد : امیر حسین دهقان- ایران

" در جستجوی گمشده "
ضمیمۀ فصلنامه بررسی کتاب ؛
بهار ۱۳۹۴ خورشیدی"

و چشمانم دو پرندۀ غریق
بی قرار در لحظه های بارانی
آه ... چه زمان خود را باز خواهم یافت ؟

مزامیر پنهان مجموعه ی شعر منوچهر کوهن است که هر چند خود دانش آموختۀ رشتۀ معماری است ، از هفده سالگی دل در کار شعر و هنر نهاده و پنجاه و اندی سال است که با عشق به فرهنگ و ادب سرزمینش ایران قلم می زند .
کوهن در سال ۱۳۵۹ خورشیدی "ـ گروه شعر سه شنبه ها" را بنیان گذارد که تا سال ۱۳۷۳ شمسی همچنان برقرار بود. وی گروهی از شاعران و نویسندگان پُر آوازه و شیفتگان شعر و فرهنگ را درجلسه هایی که اولین سه شنبۀ هر ماه برگزار می شد ؛ گرد می آورد. از جملۀ این بزرگان می توان به عبدالعلی دستغیب؛ غزاله علیزاده، محمد حقوقی، نصرت رحمانی، و محمد علی سپانلو اشاره کرد.
وی پیش از این سه مجموعه شعر با نام های ذوق حضور (۱۳۶۸)،در آوار دریا

(۱۳۶۹) و برای که بسرایم (۱۳۷۵ خورشیدی) را در ایران منتشر کرده است .
ظاهرا نخستین شعر بلندی که از این شاعر به چاپ رسیده " نوروز در مرداب" است که با صوابدید شاعر همیشه زنده، مهدی اخوان ثالث، در سال ۱۳۵۹ در بحبوحهٔ جنگ ایران و عراق درتهران در مجلهٔ آدینه منتشر شد که اینک نیز در سر آغاز مجموعه حاضر چاپ شده است .

این شعر که سرشار از احساسات عمیق و اندوهبار است ، با درونمایه ای تاریخی و نگاهی انسانی واندیشه ای ضد جنگ شکل گرفته است . شاعر احساسات خود و انسان های پیرامونش را که بهاجبار در مسیر تاریخی تلخ و ناخواسته ای قرار گرفته اند بیان می کند.

در این شعر "نوروز" که پیام آور شادمانی و مایهٔ همبستگیِ قومی بزرگ و کهن است ، خونین است و نشانی از شور و شادابی در آن نیست : به عکس همیشه که نوروز را گل و آینه و روشنایی و پرنده و عشق رنگین می کند ، این بار خون و خمپاره است و تن های پاره پارهٔ انسان هایی که نقشی در افروختنِ آتشِ جنگ ندارند . شاعر خود را در این ورطهٔ هولناک گم میکند زمان و مکان را و نوروز را گم میکند، چه ؛ انسان را گم کرده است .

در غیابِ طلوع و ترنمِ گل ها / آسمانِ بی نور و پرنده /
جهانِ بی جنگل و دریا / انسانم را ... جانم را گم کرده ام . /

وی اوج حادثه را در این تصویرهای قوی و اثرگذار بیان می کند.

جسد قطعه قطعهٔ سالِ پار / و پاره پارهٔ تنِ روزها و هفته ها /
درگوشه و کنارِ گورستان / آسمانم را .... زمانم را گم کرده ام /

سفرهٔ هفت سین شاعر با هفت گدازهٔ سرب آراسته است . همه جا جنگ است و سیاهی و نشانی از روشنای خورشید و چشمهٔ شادابِ زندگی نیست .

آینه ای سیاه / خالی از تصویر شادی و لبخند / سفره ای با هفت گدازه سرب /
آواره و درمانده / روزم را .... نوروزم را گم کرده ام ص ۷

هرچند شعرهای این دفتر درونمایه های متفاوتی دارند، محور آن ها به گِردِ

انسان و عشق میگردد. در این شعرها شاعر پرسشگر است. زیرا از خویشتن بیگانه است و سرگردان. در شعر زیر انسانی که تصویر میکند؛ هم حاکم است و هم محکوم؛ هم برده است و هم برده دار :

ای انسان / ای محصولِ تداومِ قرون و اعصار / که در درازنای تاریخ /
مرا آواره .... اسیر ... سرگردان خواسته ای ص ۳۱

در شعری دیگر که سرخوردگی و نومیدی از " انسان پوک پر از اعتماد" از آن به مشام می رسد، حقارت انسان راکه بود و نبودش در گسترهٔ بی پایان زمان و در برابر عظمت هستی هیچ است به او گوشزد می کند.

نگاه کن انسان! / چه سان حقیر خلق شده ای /
و بود و نبودت هیچ تفاوتی نمی‌کند. ص ۳۷

در جایی نیز از او می خواهد تا خود را بیهوده فریب ندهد و به چیزی در" این دو راههٔ آز ونیاز " دل مبندد ؛ تنها لحظه را دریابد، لحظهٔ عشق؛ که تنها راه رستگاری همین است و بس :

هان انسان / عشق را دریاب / و جاری شو .../
موج باش / و همواره بخرام و بخروش ...
و آرام مگیر / زمین و زمانه... درگذر است / هرگز به هیچ دل مبند /
همه را به دیگران واگذار / و تنها لحظهٔ عشق را دریاب / باقی فریب است..
فریب ! ص۹

عشق در شعر وی مرتبتی بس والا دارد و هرچند محدوده ای نامحدود را فرامی‌گیرد ، گاه شکلی سوزان و پر لهیب (اِروتیک) می یابد:

به روی بستری از ابر و توَهم / ...مِه و شبنم /
تمام شادی ها و زیبایی ها را به تمامی /
بوییدم و بوسیدم و نوشیدم / آن همه را .. / تا گلِ آتش به خنکا و رخوت /
و فوران چشمهٔ جوشان آرزوها ! / به آرامش انجامید ص ۱۰

با این همه ، شاعر عشق حقیقی را ورای خواهش تن می شناسد و آن را که تنها در

تمنای وصال است ، از " سِرِعشق و مستی " بی خبر می داند :
تا بدانی ... و شاید هرگز هم ندانی / که اصلِ داستان / همان نگاه است / و عشق دیدار و دمی گفتار/ ص ۳۰
گاه نیز از معشوقی اثیری سخن می گوید که خاکی، اما ورای خاک است . در این گونه شعرها اشارتی نیز به پاره گفتار های حکیمانه با عرفانی ایران دارد که از ژرف نگری وی در دریای بی پایان و تاثیر پذیریش از آن حکایت می کند.
و من باز رفتم ... / او پیدا بود و نهان شد / همه جا بود و اما دیگر کنارم نبود / و دیگر هیچ نبود .../ و هنوز هم عشق نباریده بود / ص ۱۵
گاه به نظر می رسد که وی چنان زیر تاثیر اندیشه های عرفانی است که گویی در حالتی هذیان آلوده واقعه ای را شرح می دهد که بیرون از عالمِ خاک روی داده است :
و رویا مرا در برگرفت / و فرازِ قله آورد
/ به دیدار او / که خاک از او تابناک بود /
و صدایش هیاهوی آب ها ی غمناک بود /
زانوانم لرزید / و ندای هاتفی روحم را لبریز ساخت /
هان ، ای پسر انسان / که مرا نشنیدی / و عشق را نشناختی... ص ۱۹
در شعر "بی گاهان " نیز چیزی میان خواب و بیداری رخ می دهد ، حادثه ای میان مرگ و زندگی که بی شباهت به شعرهای خلسه آمیز صوفیان و شطحیات آن ها نیست : صحنه ای باور نکردنی و شگرف که او را به حیرت وا می دارد و نمی داند هوشیار است یا نا هشیار ، اما ندایی پنهانی بر می خیزد که :
نیک بنگر ! / کر تو خود باور داری / که ، هوشیاری و بیداری ! /
این دیدارِ یار است / دربی گاهانِ بیداری ! / ص ۲۲
بعضی شعرهای این مجموعه از دلتنگی شاعر برای نیاکان و سرزمین پدریش حکایت دارد ، گویی چیزی از درون او را می خراشد و می خورد:
و دردِ نیاکان برده ام / یا سوخته ام / تا ژرفنای شعرم رسوخ می کند / ص ۳۳
در شعر "سکوت غنچه ها " به زبان ابهام و با بهره گیری از سَمبل ها، از بهار

اندوهگینِ شهرش سخن می گوید:
دریغا... / در بهار شهر ما / غنچه ها / لب نا گشوده می میرند / ص ۳۴
وجود تشبیه های تازه به این شعرها رنگ ویژه بخشیده است، و زیبایی آن ها را برجسته کرده است.
مانند " شاخه های درهم پیچیدهٔ سکوت "، پوکه های پوسیده و شکستهٔ هوس"، " شاخهٔ تندر "
من در میانِ موج های تاریک / با شاخه های در هم پیچیدهٔ سکوت /
می گردم .. به دنبال چشمانت / ص ۵۱
ایمان ، / ایثار ، / تسلیم ،/ با پوکه های پوسیده و شکستهٔ هوس ؟ / ص ۵۶
آسمان آغشته به شاخهٔ تندر / و آتش آذرخش / ص ۲۸
بافتِ زبانی شعرهای وی محکم و درهم تافته است و بیانگر تجربه ای دیرپا، در کار شاعری است . زبان در بیشتر آن ها روان و ساده ، و معنی نسبتا زود یاب است . کاربرد صنعت های شعری به قاعده ، و بیرون از افراط است . شعر ها به کمک موسیقی درونی و معنایی ، و گاه موسیقی کناری (قافیه هایی که معمولا ، بر خلاف شعر کهن ، سرِ جای خود نیستند) ولی هماهنگی و همنوایی خود را حفظ کرده اند . به استثنای چند مورد ؛ بازی با کلمات نیز تا جایی است که زیبایی و هارمونیِ شعر اجازه می دهد . پیداست که ذهن شاعر در رام کردنِ کلام ورزیده شده است .
در بعضی از بیت ها آرایش واج ها به گونه ای است که موسیقی کلام را قوت می‌بخشد .
برای مثال می توان به بیت های زیر تو جه کرد. در این بیت ها تکرار " ش" و همانگی آن با "چ" و " پ" (و نزدیکی آن به " ب ") و " س " در آغاز واژه‌ها ؛ بر موسیقی شعر افزوده است :
گذرِ شبنمِ شادابِ شبانه بر چهره ات / گذر ابرِ پاک و پالوده بر اندامت /
و گذر تو بر سِحر و سکوتِ جاری سحری ...

گاه نیز تکرار یک واک (مصوت) در بیت های پی در پی ، <u>موسیقی درونی شعر را برجسته می کند،</u>
مانند تکرار واکهٔ بلندِ " ای " در واژه های " آزادی "، " بی "، " دیوار " " مهربانی " ، " عاشقی " ، " هم زبانی " ، و " تیر "
شهر ها سرشارِ آزادی / بی حصار، بی مرز/ خانه ها بی درو دیوار / گشوده پنجره ها روبه دشت های مهربانی / عاشقی و هم زبانی / بی صدای تیر و ترکش، ناله و مویه /
در این جا تکرار " بی "، در کنار کشش واکه های بلندِ " ای "، و " او "، در بیت های بالا بر هما هنگی و هارمونی آن ها افزوده است .
کاربرد " جناس " نیز در خوش نوایی پاره ای بیت ها کاراست ، چنانکه کاربرد " روز " و " نوروز "، " رنگ " و " درنگ "، یا " بید " و " باد " در بیت های زیر:
روزم را …. نوروزم را گم کرده ام.   /   دیاری که بی درنگ   /   رنگِ ادیار را می پذیرد ص ۷
وزش گیسوان تو   /   برمن …   /   در افسونِ بید   /   در افسانۀ باد ص ۱۷
وی در پاره ای شعرها برای استحکام ساختار موسیقایی شعر خود از قافیه و کلمات هماهنگ و هم وزن بهره می گیرد، <u>و این کار در بیشتر مواقع با مهارت صورت می پذیرد، به گونه ای که تصنعی جلوه نمی کند:</u>
رخنه ای در آفتاب   /   دشنه ای در چشمه های شاداب   /   شیاری در آب   /   تندری خشونت بار   /   شعله ور مرداب …..   /   ص ۷
" شخصیت بخشی" نیز گاه در شعرهای منوچهر کوهن، به گونه ای برجسته به چشم می خورد و جنبۀ تصویری آن ها را نیرو می بخشد، چنان که در بیت های زیر:
برگ می رقصد / با چهر ه ای شاد …/ مرگ می بارد …/ با نقابی کبود …/ ص ۲۸
در بعضی از شعر های وی بیان نقیضی (پارادوکسی)* به گونه ای به کار رفته <u>که از جنبۀ زیبایی شناختی دارای اهمیت است،</u> مانند قاصدک رقصان در لامکان،

24

رود بی جریان با هیاهویِ آب های بسیار :

قطره ای بارانِ پاک در صدف / جنگلی در برگی /

قاصدکی رقصان در لامکان / رودی بی جریان /

با هیاهوی آب های بسیار ... /

یا در این شعر که شاعر میان بودن و نبودن غوطه ور است و به هرکجا می نگرد ، "خود"ی در میانه نمی بیند : .... هشیار و بیدار / بسیار نگاه کردم / خودی ندیدم /

استفاده از حسآمیزی* در این مجموعه نسبتا زیاد دیده می شود . شاعر آگاهانه و بدون زیاده روی در کاربرد این هنر، ترکیب های نو آفریده است ؛ مانند " وزیدن ابر " و "چکیدن جان" ، یا " چارچرخ گرسنگی" در بیت های زیر که زبان را از "نُرم" و روال همیشگی خارج کرده و مایهٔ "برجسته سازی" آن شده است :

گاهی که ابر می وزد / و نَمی از غم بر برگ ها می بارد../

.... و می چکد، جان تپنده ای از ناودان / و به سوسو می افتد .../

در حدقه های مضطربِ شهر / ص ۴۱

کودکی ... / در پیِ چهار چرخِ گرسنگی .... / ص ۴۲

این گونه ترکیب های نو که تعداد آن ها در شعر وی کم نیست ، سایهٔ بعضی تعبیر ها و ترکیب های فرسوده را ، مثل : " حدقه های مضطربِ شهر" ، " در معبرِملکوت " ، " برکهٔ چشمان " یا " پرتگاهِ نیستی " کمرنگ می کند .

کاربردِ رنگ ها در شعر کوهن وسیع است ، و وی از این امر در حسآمیزی بهره برده است :

دیدگانم پر از ترنمِ سکوت لحظه هاست / و نُت های آبی و قرمز /

عشق و زندگی، مرگ و سکون

---

* " ترکیب تصاویر است که دو حس در کنار یکدیگر و به یکدیگر گره میخورند، مثل صدا و رنگ -شفیعی کد کنی ، موسیقی شعر ۱۳٦۸ ص ۲۵۹ "

تسلط شاعر بر ادب کلاسیک ایران از لابه لای بیت ها و نامگذاری شعرها پیداست،؛ چنان که نامِ پاره ای از شعرها به بیتی از شعری معروف یا بخشی از آن باز می گردد ، مانند :

" که یاد خوشش باد روزگار وصال " ، یا " رقصی چنین میانهٔ میدان " ، یا " چون از این غصه ننالم " که به بیت هایی از حافظ ، مولانا ، و بابا طاهر اشاره دارند که سده هاست در گفتار و نوشتارِ ایرانیان جا خوش کرده اند .

در این مجموعه امید و نومیدی ، شادی و اندوه (و بیشتر اندوه) در هم گره خورده است .

<u>جستجوی شاعر در پی گمشده اش به پایان نمی رسد:</u> او هم چنان با چراغ به گرد شهر می گردد و منتظر خورشیدی است که "نا گزیر طلوع می کند " و با این بیت‌های امید بخش مجموعهٔ شعر خود را به پایان می برد:

" می دانم ... می دانم ... می دانم " / و عاشقانه / رقص رنگین زندگی را از سر خواهیم گرفت / رقصی چنان مانا / در میانه میدان و جهان... /   ص ۲۶

شعرِ عشق، روشنی و خورشید
بررسی مجموعه شعر
"ذوق حضور" اثر منوچهر کوهن
توسط: استادعبدالعلی دستغیب
۱۳۶۸ شمسی

منوچهر کوهن در مقدمه..."...ذوق حضور..."...به شعرحافظ نظردارد که سروده است"... بیا که چاره ذوق حضورونظم امور../.. به فیض بخشی اهل نظر توانی کرد..." اما من گمان می کنم شاعرمی بایست شعری دیگرازدیوان حافظ برمی گزید مثل شعر"... خورشیدی زشرق ساغرطلوع کرد ..." پیشنهاد من بی سببی نیست، زیرا که روشنی وخورشید به نحوی شگرف فضای دفترشعرمنوچهرکوهن را سرشارکرده است. واژگانِ موج ، ساحل، دریا، آزادی ، جنگل ، ابر، باران ، چشمه، وبه ویژه عشق ، و روشنی وخورشید به تقریب درهمه اشعارش مکررمی شود. ازمیان صداهای سه گانه شعر: حماسه...سوگ سرود...غنا وتغزل...این سومی است که نمایان کننده ذات شعراوست.

"..ذوق حضور .."..درکل در فضای شعرغنائی لیریسم درحرکت است..."

اما این شعر غنائی دربسیاری موارد، روشن وآفتابی است. پیوند صفت ها و موصوف ها، اضافه ها، و روابط استعاری و تشبیهی سطور، آشکاراست و زود به

حوزه درک و تجربه خواننده می آید. درپس پشت تعابیر واشعار، انسانی حساس و ظریف اندیش را می بینیم که با مخاطب، محبوب، یا انسانی دیگردرگفتگوست. شاعردرزمینه ای انسانی با این مخاطب سخن می گوید وآنچه ازاومی طلبد ...عشق ... روشنی ... آزادی و رهائی است. ناچارچنین شعری، شعری رومانتیک خواهد بود.

هرحنجره گشوده به فریادی .../... پنجره ای ازخورشید است.../... که درظلمت شهر گشاده می شود... /... هرمشت بسته ای.../... به سوی آسمان ظلمانی.../...ستاره ای روشن است.../...که به آسمان پرتاب می شود.(ص ۱۴)

اگربه دنبال مدلول های اجتماعی یا روانی این تعابیروتصاویربرویم، درمی یابیم که دراین جا، سرو کار ما با ایماء واشاره است. اما نه اشاره ها وایماها، یا نمادهای پیچیده ای که درآثارنمادگرایان یا سوررئالیست ها می بینیم. شاعرحرفی دارد و این حرف را به زبان تغزل و تعابیرغنائی می گوید:

ای سوسن آسمان.../...ای سرود ستارگان.../(ص ۶۱)

بنابراین دروهله نخست، چنین به نظرمی رسد که آماج شاعر... وصفِ زیبائی و عشق است... اما این زیبائی وعشق زمینی است. صداها ، رنگها ، صور، وتعابیرِشعر، گاه عواطف دقیقی را بیان می کنند وبا دانشِ دل سروکار دارند. شاعربربرگ های سبزبا عشق .../... برگونه های خود با اشک .../.. برماسه های ساحل با خون .../.. نام مخاطب را مینویسد. سپس باد برگها را می برد .../ .. اشک درآفتاب می پژمرد .../... وموج نام او را ازماسه ها می سترد.../

ودنباله شعر چنین است:

اما../.. با من بگو../.. با داغ نام بلندت ../.. که بردلم حک شده با درد../.. چه باید کرد؟ (ص ۱۰)

حافظ می سراید..."رخ برافروز که فارغ کنی ازبرگ گلم "... همین مصراع به تنهائی، خود شعرکاملی است. شاعر، مقارنه ای برقرارمی کند بین "رخ برافروخته معشوق" و برگ گل (سرخ).

اما شاعربه صرف، مقارنه قانع نیست و رابطه ای ازاین دست، درطرح .."..توان.."..
درصفحه ۲۵ "ذوق حضور" نیزآمده است.
روزها.../...می گذرد.../... چون رود.../...کاش یارائی ... /...عشقم بود ../.. برای اغتنمام فرصت بایدعشق ورزید. شاعردراین زمینه ها ساده می اندیشد وساده بیان می کند. پس اهمیت وشعربودن قطعه های دفتر..."...ذوق حضور..."... درچیست؟...
سخن ازعشق یا روشنی یا باران وخورشید گفتن..؟ وبه نوازش یاردل سپردن، که ..."...سازجهان من، تنها تن تست..."... وبه خلوت خود درآویختن، آن هم درعصری که شرم و حق، حسابشان جداست. زیبائی ناب ومجرد، زیبائی مطلوب سمبولیست ها می باشد (اِدگارآلن پو گفته است، شاعر کاری با نیک حقیقی ندارد. فقط با زیبایی سروکاردارد، وظیفه او رسیدن به زیبائی برتراست) البته او نمی تواند دیالکتیک پیچیده واقعیت را بیان کند وشعراگرنمی خواهد صرفا در آسمان تجرید پرواز کند، ناچاراست که به سکوی پروازخود، واقعیت، بازگردد. وشعرمنوچهر کوهن نیزچنین می کند. تنهائی، هراس، از خود بیگانگی، شاعررا احاطه کرده است.
دربهترین شعردفتر "ذوق حضور" با نام ..." نوروزدرمرداب "... کوهن را درزمین واقعیت می بینیم، که درغیاب طلوع و ترنم گلها ../..آسمان بی نوروپرنده ../..جهان بی جنگل و دریا ../..انسان را و جانش را گم کرده است ../.. تجربه شاعردراین قطعه واقعی است و محتوای آن القائی و رساننده و رساست. شهربمباران می‌شود، خانه هائی ویران می گردد، تندر و آذرخشی درفضا موج می زند، وحشت تا ژرفای عصب آدمی راه می یابد. شاعر در این جا، همه این ها را درچند سطرفشرده بیان میکند:
خنجری درخورشید.../...رخنه ای درآفتاب.../...دشنه ای درچشمه های نامرئی .../... شیاری درآب.../...تندری خشونت بار.../...شعله ورمرداب... (ص۱۲)
وکابوسی بی رحم.../...درمیان دو لحظه تابش شعر.../...شکافی درسقف ها.../... و گورهائی دردلها.../...بیان مقطع سراینده دراین جا کاملا آن کابوسها وهراس

ها را القاء می کند. شعر حتی اگربه این صورت نوشته نشده بود بازخواننده ناچاربودهرلغت (یا سطری) را بطورگسسته وجدا بخواند،زیراشاعرنیززیرهیجان وهراسِ لحظه های بی‌امانِ بمبارانی بوده وچنین هیجان و هراسی را منتقل ساخته است.

توفیق منوچهر کوهن در قطعه "جنگل" بیشتراست. بیان دراین جا آرام است و سطرهای شعر را می توان پیوسته و بدون گسستگی خواند. ".. جنگل .." ساختار موسیقائی خود را به وسیله قافیه ها پیدا میکند. محتوای شعر که بطورنامستقیم بیان می شود، تجسم صحنه ای است که دو نگاه ، دو دستودوتن بهم می رسند و از این دو نام شعر می توانست ".. وصل .." باشد، قطعه درسه بخش به نسبت کوتاه شکل می گیرد:

دو سایه مبهم از گامهای هماهنگ دلی .../...درکشاکش بالهای پرندگان...دو نگاه.../... آغشته به آفتاب ودرخت.../... لبالب از شعبده.../... درلحظه های آتش و باران.../ وکوبش هزار نبض.../... بردروازه بی شمارشاخه های سرانگشتان...ناگاهان ../.. فوران معجزه../..درشب بی انتهای ظلمت../..خواب مهتاب ../..آرامش آسمان (ص۲۶)

به قافیه های پرندگان...... باران...... سرانگشتان...... آسمان نگاه کنید و ببینید چه اندازه بطور طبیعی آمده اند وچگونه موسیقی وطنین دلنشینی به شعرمیدهند. کوهن دراین قطعه ها دیگر شاعری منحصرا غنائی نیست، بیان کننده آزادی...... رهائی آدمیانی است که زیرچترتاریکی وهراس، می گریند وفریاد می کشند و شلاق زمانه برتنشان فرود می آید. قطعه تنهائی این ایستار شاعر را بهتر نشان می دهد. شاعردرجهانی محصور بسرمی برد اما به زودی حصارها درهم فرو می‌ریزد ......مرزها در رویا محو می شود واین همه وابسته معجزه عشق است. کوتاه سخن از دیدگاه شاعر ...... جهان تهی است و فقط عشق رهاننده است

فهرست اشعار ملی و میهنی

عنوان	صفحه
۱- سرزمین من بانوی من	۳۲
۲- کورش برخیز ، دیگر آسوده مخواب	۳۶
۳- رقص گردباد در آستانه مرداب	۳۹
۴- نظاره ازگور	۴۰
۵- رنج باور خدعه	۴۴
۶- قیام قلبها در غربت	۴۵
۷-ایران من؛ ریشه های سرنوشت من (رش هشانا در غربت)	۵۰
۸- نوروز نان و خاک و نفس	۵۳
۹- آن دود که از سوز سخن بر سر ما رفت	۵۸
۱۰- سد سیوند	۶۰
۱۱- خاک گمشده	۶۲
۱۲- آزادی	۶۳
۱۳- نوروز در غربت	۶۴
۱۴- ای ایرانی بیدارشو؛ بپاخیز	۶۷
۱۵- حسرت نوروز در شیراز	۷۰
۱۶- خروش خون	۷۱
۱۷- دلاوران ایران ما	۷۳
۱۸- بهاران با جنگ	۷۴
۱۹- بهاران و ایران	۷۶
۲۰- سرود زندگی	۷۹
۲۱- سعیده و خورشید هفت هزار ساله	۸۰
۲۲- زندگی و زندان و دیگر هیچ	۸۲
۲۳ - پرندگان سربین جان باخته	۸۴
۲۴- ای بازجو، من هم انسانم	۸۵
۲۵- نه ؛ هرگز چنین نبوده است	۸۷

31

سرزمین من ، ....بانوی من

در سالگرد تبعید اجباری

بانوی من !
سرزمین من ، دستان توست
دستان من ، سرزمین کیست ؟
بانوی من......
دگر باره برخیز....... خندان و شادان....
وبنگر به سواحل بکر آب هایت
که اکنون انباشته از.. ...خونابه و پلشتی است
ونظر کن به بیکرانه های شیار شده و سوخته ی جلگه و دشت هایت ،
زمین و خاک ......
آسمان و هوای آلوده ات

وبدان هم اکنون در نیمه ی پایانی راه ....
با تارهای سپید.... همیشه عاشق ایستاده ام هنوز....
در انتظار امواج سهمگین حضورمجدد تو.......
بگو...طوفان نجات بخش ما کجاست؟
***
سرزمین من . . . .
جاودانه افراخته باش
در قامتی به بلندای آسمان
و برخیز.... بسرای ، بخوان ، فریاد سرکن

و با تلاطم جان و امواجت ، پاسخم بگوی
با من بگو... امواج شعر و جان من ....
در کناره ی کدام جام آرام میگیرند؟
بگو ... کُنده ی کبود خاکت
آبگینه ی کدامین چشم کَنده و نگاه خونین است؟
و یا آشیانه ی کدامین لبان بهم دوخته...؟
ویا مدفن خاکستر کدام اسیران سوخته؟
بامن بگو، که در افق های سیاه و موشک باران شده جهان
راه رهائی فانوس ها کجاست...؟

آه ....بانوی سرزمین من
بانوی راز آبها وسِرِ زمین ها
اکنون بگوی با من
آن افسون بهشت ساحرانه موعود
چه زمان با افسانه ی سیب ها در آمیخت...؟
و خاک پاک و تابناک زادگاهم را...
در اعماق خرافات قرون ...مدفون کرد.....؟

و اکنون چگونه می توانم در غیاب خاک گمشده ام
دشت دستان تو
رؤیای پرواز نیلی و آرامش آبی را
که از یاد نوعروسان ارغوانی جهان رفته است
از نو ....تجربه و دوباره نظاره کنم....؟

***

حوای من... زاینده ی روزها و آرزوهای من
سر برافروز ، سر فراز باش...و با غرور
از پگاه.............تا شامگاه
تا شاید....من نام وخاک گمشده ام را باز هم بیابم
و بتوانم لحظه ای فراموش کنم
سوگ دلگرفته ی نسیم را
در دشت های سوخته ی تو
تهی از ترنم مهر
و جنون گدازه آتش های خفته و بناگاه رها شده را
بر فراز قله هایت
اما ، خالی از حماسه خشم و خروش

که در افسردگی تو....
رود هستی ، سرود بودن را...
دیگر زمزمه نمی کند
بانوی خاک خوب من
دگر باره... قد برافراز... رخ برافروز
بخرام........بخند..........بسرای
وپاسخم بگوی ...؟
وبا سرانگشت دستان زیبایت ، اشارتم کن
تا کدام کرانه ی افق هایت ،
کتاب شور و شعرهایم را میتوانم گشود .....؟
شکوفه قلب تو...... این تنها خانه ی من
دگر باره ، در کدامین بهار جاودان خواهد شکفت؟

***

و آن غمزه های غرور بی پایان تو
چه زمان از نو شعله برخواهد کشید.....؟
و طنازی و دلبری را دوباره آغاز خواهد کرد؟...
آه .....سرزمین من....
بانوی امواج در فراز و فرود
سرزمین روزها و رؤیاهای من

دگر باره ... از زهدان تاریخ ..... متولد شو......
و از عشق.... از نو شعله ور شو
در گستره ی کرشمه ی خلقت و زایش
و خاستگاه پر شور سرایش
و جان و جهان را.....
جملگی به ترانه و ترنم ابدی بسپار.....

و باور کن.... تا هنوز و تا همیشه
حتی با تارهای سپید عاشق
در انتظار اوجت ، عشقت .... ایستاده ام
و سرزمین قلب و عشق من از آن توست

و آنگاه با نگاهت... باز گوی بامن.....
دستان من ....
سرزمین کیست ؟

تهران 1360 شمسی ..... ژوئن 2013 میلادی

کورش برخیز، دیگر آسوده مخواب

کورش ای شاهِ شهان ، شاهِ شهر انشان ، ....
شاهِ ایران و جهان
دیگر آسوده مخواب، وقتِ آسودن نیست
این جهان ، جهل و جنون است همه
کشورت ، غرقه به خون است همه

کورش ای شاه شهان ، شاه ایران و جهان
سَر ز خوابت بردار،
خاکِ اعصار به سَرپنجه ی تدبیر بِدَرّ
و دگرباره بِگُستَر عَلَم داد به بیدادِ زمان

کورشا ، ای شاهِ ایران و جهان
چَشم بُگشا و ببین
آن یگانه منشور، آن یگانه فرمان
که رهانید بشر را زِ اسارت وَ زِ بَند،
و رسانید به حق دار همه حقّش را،
و فروکُشت همه جور و فساد،
و بِدَرّید همه هرچه کمند،
حالیا،
زینتِ هر موزه شده است ،
و تو گوئی که در این پهنه ی گیتی،
شنوائی دِگَرش ، گوشی نیست

کورش ای شاه شهان ، شاه ایران و جهان
تو بپاخیز از این خوابِ گِران
و برافراز همانندِ یکی کوهِ بلند

و ببین ، که زمان خونبار است،
و زمین ، ناآرام ،
غرقه در آتش و دود،
خالی از شعر و سرود

نَه زِ مستی خبری ، نه زِ هستی اثری،
مردمان ، در بَندند ، در عذاب و رَنجند،
نَه امان ؛ نَه شادی ، نَه دَمی آزادی

کورشا، شاهِ شهان، شاه ِ ایران و جهان
در برابر، چه نبردِ سختی است
جنگ اهریمن و انسان است این
رزمِ ایران و اَنیرانست این

یکطرف : زیستنِ در ذِلّت
یکطرف : مرگ ، ولی با عِزّت
همه جا سفّاکان بَر سَریرند امروز،
که به شمشیر جنون، سینه ها بشکافند
وَز فَلَک ، مرگ فرو می بارند

کورش ای شاه شهان ، شاه ایران و جهان،
مَردِ آزاده ی اعصار و قرون،
دیگر آسوده مخواب، وقتِ آسودن نیست،

سَر زِ خوابت بردار،
وَ بپاخیز وُ به فریادِ بُلند،
رستم و گیو و فریدون،
کاوه و آرش و توس،
همه، گُردان و یَلانِ ایران
همه را باز بِخوان

و، دگرباره بر افراز دِرفشِ کاوه،
وَ بِگُستَر عَلَمِ داد به پهنای جهان،
وَ بِسُرا دیگر بار
آن سرود دیرین، آن کلامِ شیرین

نغمه ی آزادی را
و، به فریاد بگو
همه، انسان هستیم
همه، یکسان هستیم
برتری نیست کَسی را بَر کَس
همگان آزادند در پرستش در ستایش در نیایش در کیش،

و به یک اندازه ، بی کم و بیش
و به فرمان تو هر ایرانی
در هر از جایِ جهان
چه شمال، چه جنوب
و چه در شرق و چه غرب

یک دل وُ هم آوا
همه فریاد کنند
همه فریاد کنیم
چو ایران نباشد،تن ما مباد
زِ ایرانیان - دَر سَرایِ جهان
زنده یک تن مباد

نکوخوانی: فریدون فرح اندوز LA
خوانده شده در جشن بزرگداشت لوحه کورش کبیر
09/23/2013

رقص گرد باد در آستانه مرداب
سه ماه قبل از وقوع فاجعه بهمن ماه 1357

در میانه ی میدان نگرانی ها و دلتنگیهای من

ابرها می رقصند ....

و سایه گردباد رها در آسمان

بر زمین احساس می شود

و من در آستانه مرداب

و من پراکنده می شوم

من و بارش بی امان

و بوی تند طوفان ...، شورش و آشوب

که خانه کوچکمان را پر کرده است

نمیدانم ؛ برکه جویهای پراکنده کجاست ؟

من و هراس از نا پیدایی آینده

من و ترس از ویرانی

من و تنهائی روح بیابانها

و خوف قطعه قطعه شدن جام و جان و زمین و آسمان

من و سرمای تلخ راه کوره ها

و ما و اضطراب بی نهایت ....آشوب وشورش گرد باد ... بی پایان

دریغا.... در آستانه ی مرداب

دریای جویهای پراکنده .....و لانه ای امن کجاست ؟

تهران – آذر ماه 1357

نظاره از گور

بمناسبت سالگرد فاجعه شوم 22 بهمن 1357

از درون گور به نظاره زندگی نشسته ام
انسان های درخت سان . . .
زنده زنانی را که در خاک می کارند
و مردانی که دست و پای آنان را اره می کنند
و ریشه هائی که بر باد میروند

نظاره گرم .... بعد از مرگم
به انسان های مومی
که هزار چهره اند ....
و هر لحظه به رنگی و صورتکی دیگر
چهره عوض می کنند
و پی باد و بوی زن و داغ سکه
نام و ناموس میفروشند

نظاره گرم .... از درون گورم
به انسان های عروسک سان
که کوک می شوند....
می گریند ، می خندند
راهپیمائی می کنند....

پیشانی خود می شکافند
فریاد می کشند ....
و به تَوَهُم بهشت موعود
خود را ... دیگران را ... کودکان بی گناه را
بی دلیل و بی هوده منفجر می کنند....

آه...............ای زندگی دروغین
ای انسان های دروغین
ای هستی توأم با پستی... وای نیستی !!!!
ای نیستی در جلوه یِ دروغین هستی

نظاره گر، به مرگم .... از درون گورم
مرگی که روزی،
آرزوی آرامشم بود

گوری که می اندیشیدم
آرام گاه ابدیم باشد
و دریغا ....که چنین نشد

کدامین آرامش ؟
زمانی که خاکم می سوزد!!! و به تاراج می رود

کدامین آرامگاه ابدی ....
آن جا که حتی آرامگاه کورش
پس از قرن ها بنابودی کشانده می شود

و مردمان سرزمینم   همه و همه
در هر گوشه جهان، قصابی می شوند
خرد و کلان ، تکه تکه ، نابود می گردند

و ما همه نظاره گریم
نظاره گر این سوختن و تاراج و کشتار
همه نظاره گریم ......
من از درون گور.......
و تو از برون ...... نزد یک یا دور

همه دختران ، همه پسران..
... همه انسان ها ، حراج
زنان و مردان حراج ....
.....میراث نیاکان حراج
سرزمین و تاریخ و فرهنگ ایران
تاراج و حراج

و مبارزان .. . .
مردانی اخته . . .
با زبان هائی چون تیغ آخته
فقط در میدان رزم کلام

کاش ....
آن زمان که زنده بودم
لااقل فریاد می زدم
لااقل قدمی بر می داشتم
کاش لا اقل همهٔ ما در تمامی گوشه های جهان
فریاد می زدیم
قدمی بر می داشتیم

حتی اگر ....
همۀ ما را در خاک می کاشتند
یا دستان و پاهایمان را
همه چون شاخه ها اره می کردند
تیر باران می کردند .... و می کشتند

و ما همه باز هم فریاد می زدیم ......
فریاد ایران ، ایران
فریاد .... آزادی ایران
فریاد .... فریاد .... فریاد

آه .... دریغا............
حالیا، پس از مرگ....
آرامش نیز حسرتی است

تهران 1359 شمسی

رنج باور خدعه

40 سال بعد از فاجعه 1979

سایه سیاه " خدعه هیچ"

بر درختان خیابان

و نشانه اجساد تکه تکه

بر آسفالت ؛ آهن و سیمان و خاک میدان

اندوه از دست رفتن زمان آرامش و صلح

در قلب من داغ دیده

و در هر شعر و رمان

در هر مکان و زمان

دریغا .....؛ دریغ

جان جوانان

سالمندان ؛ نوزادان و بیگناهان

بر باد رفته در طوفان باور هیچ

هرگز باز نمی گردند

40 سال بعد از فاجعه ...   01/10/2019

قیام قلب ها در غربت

تقدیم به روان پاک وتمامی انسان های جان باخته
در راه رهائی و آزادی ... به ویژه ندا و سهراب

در آسمان سبز و سپید و سُرخم
در سرود سرد.. و سرای سیاه
و پر سکوت سرزمینم
ناگهان رویش امید ......   ناگهان خروش خورشید
ناگهان قیام قلوب در میهنم
ومن در قلب قیام در غربت

***

شعله های آزادی ... پرتوهای سوزان شعر
و لهیب پرالتهاب عشق ... دوباره برگستره پهناور
و درخت تناور ایران زمین

***

شب می میرد.... آفتاب می بارد..
و عشق می خواند...
و من .... پیرانه سر... باز هم جوان می شوم
دوباره جوانه می زنم...
بالهایم باز هم سبز می شوند
و من پَر می گیرم ، بال می زنم
گُر می گیرم.....   آتش می شوم ......   شعله می کشم

و پُر می شوم از امید...   لبریز و لبالب فرداها....
و بازهم بال می زنم.....   الا و بالاتر......
می بینم ...می بینم....عیان و عریان .
برخاک همیشه خونین سر زمینم
هم اکنون.... در همین لحظه ...

در قلب وطنم، تهران، قلب ها را می درند، رگها را می شکافند ....
آواها را دشنه در گلوگاه
و نداها را گلوله در سینه میکارند..
و سهراب ها را می میرانند ......
***
شط جاری مردم ..... گلوله های جنون .... و شکوفه های خون
که به سرعت همه جا می رویند
و خاک خونینم ، سرخ تر می شود
جاری می شود ، جاری .... سپید می شود...
و جان کشتزاران ایران من...
بازهم سبز تر می شود.. .. سبزِ سبز
پس از سی سال سکوت،
من دوباره زنده می شوم.....
پس از هزاران روز ....هزاران شب
من دوباره آتش می گیرم ... شعله می کشم ، سرخ می شوم
جوانه می زنم.... می رویم ......سبز میشوم..
و پر از عشق . ... رنگین کمان می شوم
سبز ، سپید ، سرخ
من چونان شیر هستم ......پر قدرت و غران
خورشید می شوم ..... تابان و درخشان
من پرچم ایران می شوم
در اهترازدر سراسر جهان
***
من درفش کاویان می شوم
پرچم آزادی ایران
هرچند، غرقه در خون
اما، افراخته بر دست های ایرانیان

***

من کاوه می شوم ....   در پیشاپیش شط خروشان ملتم
من تیر آرش می شوم ....   آتش رها
بسوی قلب دشمنان . .. ..   در آسمان ایران زمین

***

پس از سی سال.... بسان سی قرن
قلب من در غربت دوباره می طپد
قلب من...همراه هزاران هزار قلب دیگر هم وطنم
و فریاد من .... همراه هزاران هزار فریاد   دیگر...
به بزرگ رود ...ایران ؛ ایران می ریزد
و من باز هم ....ـگُر می گیرم...د اغ می شوم .....
بخار می شوم .....ابر می شوم .... آب می شوم ...

چونان ، باران ...باران ..   می بارم ،
بر هزاران هزاران نفر...صدها هزار سینه
بر هزاران تکه .... هزاران لحظه ....
هزاران فریاد ... هزاران هزار قطره
هزاران نفر ، هزاران گلو
و هزاران ...ندا.......ندا ، و هزاران سهراب ؛ سهراب

و ازچشم ها و چهره ها ..... از ابر ، از آسمان
از رگهای پاره پاره ملتم ... برخاکم ... می بارم ...
و خاکم ...دو باره سرخ می شود.. شراب سرخ ....
خون می شود ...جاری ...جاری
در رگهای من ...در رگهای ما
ایرانیان پراکنده در گستره جهان

***

و من در زمین فدرال بیلدینگ لوس آنجلس
قد می کشم ...بالا می روم ... دستانم قد می کشند ..
بلند می شوند ...   بلند و بلند تر.......
به اندازه دور تا دور جهان .... درفراخنای آسمان

از فراز ابرها و مرزها می گذرند
و با دستان هزاران هزار ایرانی دیگر
در وطن ...... یا در غربت
در هزار گوشه جهان... باهم گره می خورند
مشت می شوند.. و دنیا را در خود می گیرند
ریشه هامان در هزاران گوشه جهان ...
بهم می پیوندند
و من و ما .... باز هم یکی و یگانه می شویم
وهمه جهان ،.. پراز فریاد ایران- ایران...
ایران...می شود.....
و من پر از شوق و اشتیاق ..
براسفالت خیابان ویلشر...
مانند ندا و سهراب
بسان آئینه ای شکسته .. هزاران تکه می شوم ....
هزاران ستاره ....هزاران خورشید
و هزاران هزارسهراب و ندا...

اخگران رستاخیز رهائی
هزاران پرچم ایران... از قلبم برافراشته می شوند
ندای آزادی ایران . . .تمام آسمان و زمینم را پر می کند
سراسر میهنم را سبز می کند....
سپید سپید ....و سرخ ... سرخ
***
اشکم دیگر امان نمی دهد..می بارم.....می گریم.....
می گریم ... می بارم ... می بارم .. با امید و درد ....
می بارم با امید و درود...
با درود بر هزاران هزار ندای آزاد
با امید آزادی در سراسر جهان
بویژه برای سراسر خاک میهنم ایران

لوس آنجلس – هفتم تیرماه   1388 ---- 28 ژوئن 2009

ایران من ... ریشه های سرنوشت من

رُش هشانا درغربت

آه .... خدایا
آیا جامه دان هایم را باز هم باید ببندم؟
و در این ایام شاد " رُش هشانا"
از ترس طوفان تردید
بدامان سیلاب سرگردانی بگریزم؟
با ریشه هایم ، آویخته از شانه هایم
من ایرانی آزاده ... نه آزاد
من یهودی عاشق ایران
پس از 27 قرن فراموشی رنج بردگی و آوارگی
که به رغم سایر یهودیان جهان
آن ها را به تخدیر تاریخ سپرده بودم
آیا باید دوباره کوله بار غم غربت را بدوش کشم ...؟
و در این روزهای سال نو عبری
از آرامگاه 27 سدهٔ والدین و نیاکانم
درست بشویم و پا در کشم ... ؟

بی جای پایی امن ؛ بدون خاک ؛ بدون سرزمین
و در پی تقدیر ... به باریک راه تدبیر پناه ببرم
چه کسی میداند ....؟
آخرین بار در کدام زمان ...؟
پای پوش های سفر را از پای در آوردم
و آنها را به کناری نهادم ...
هیچ بیاد ندارم

***

بیاد می آورم ... سرکشی در باغ بهشت را *
عصیانِ سوزانِ درونِ دروازه های زمان را
اسارت را در قرونی مهیب و پر هراس *

کار خشت و گِل و کشتار نوزادان پسر را
راهی بی پایان ... در دریا ... در بیابان را *
بارش صخره و سنگ * .... آتش و تیر و شمشیر
از زمین و آسمان را
نفیر باتلاق های تباهی رویا
و کوره های انسان سوز * را
ستیز ابدی هر گل ، با برهوت برهنهٔ کویر را

بیاد می آورم:
ریشه هایم را...در طول اعصار و فصول و قرون
آویخته از شاخه هایم ؛... شانه هایم
برگ های ایام سپید و سیاهم را
روانه بدنبال گرد باد بیم و تردید و تهدید
و پاهایم را که بر آب می روند
و دستانم را که بر اَبر آویخته اند
با کفی از خاک ایران زمینم
***
بیاد می آورم
27 قرن زندگی پر فراز و نشیب را ....
از شهبانو و وزیر ویژه بودن ... در دربار شاهان ...
تا محرم و حکیم مردم بودن . . .
تا پرتاب شدن از ایوان کاخ عالی قاپو
به صحن گرگان گرسنه و درنده
به گناه یهودی بودن و سنت ها
از نجس بودن ...وممنوع بودن در بارانه قدم زندن ...
تا تشنه بودن ... و محروم از حق آب نوشیدن ..
تا هم لقمه بزرگان و نخبگان مردم بودن
همه را بیاد دارم

دورانی را که برای اثبات بهار جاری در روانم
بایستی گلی در دست می داشتم
و برای باوراندن مهر نهفته در قلبم
بایستی خورشیدی در قاب چشمانم می درخشید
آری ؛ .... من .... ایرانی آزاده .... و نه آزاد
من ایرانیِ یهودیِ شیفته ی ایران ....
باید باز هم چشم ها و جامه دان هایم را ببندم ....
و کولبار غم غربت و آوارگی را بدوش کشم
و در این ایام شادی ،
از راه تدبیر به بی راه تقدیر بگریزم
و بدامان آتشفشان خفته سکوت پناه برم

با ریشه های تاریخم ، با کفی از خاک ایران زمینم . ...
آه ..... جان من .... سنت های دیر پای من ....
ایران من .... ریشه های سرنوشت من ....

دریغا ....در غیاب درایت و مهربان
زندگی سراسر ستیز و سر گرانی
بی یار و یاور و دوست ... بی سرزمین و خاک ،
بدون وطن، بی امکان استقرار .... بی توان دمی قرار

می دانم ....
می دانم خورشید نیز دمی قرار نمی گیرد
و من نمی دانم ....
آیا هنوز هم تا همیشه زمان ... و حتی تا پایان جهان
آیا می توانم جامه دان هایم را. . . چشم هایم را بگشایم...؟
و بالاخره ... دَمی قرار گیرم ...؟

استانبول – قبل از مهاجرت - رش هشانا 1994
***مصیبت های وارده بر یهودیان ***

نوروز... نان و خاک و نَفَس

آه.....
ای سر سودایی من......،
میدانی که با ریزش روزهای سرد زمستان
باز هم نوروز فرا میرسد
و باز هم جنون غربت .....
وبیش از آن .... جنون نوروز در غربت ،
که مرا به اعماق گرداب حسرت ها می کشاند

آه ...... ای سَرِ سودایی من
حتی زمین و آسمان باور ندارند....
من نوروزم را .... دیگر بار.... گم کرده ام

آه........
ای سَرِ سوداییِ من...... بگو با من
چه سود از پَرپَرکردن آسمان ها.....؟
یا سد کردن راه ابرها....؟
یا سترون کردن آب و ابر و آئینه....؟
راستی چه سود ... از آنچه این نا مردمان با مردم من می کنند....؟
راستی چه سود از به دار کشیدن درختان....؟
و تیر باران عشق ...؟   و مُثله کردن رؤیاها....؟
راستی چه سود .. از آنچه این گرگ سان ها با انسان ها می کنند ....؟
***
اینجا همیشه بهار است....
اما ، دراین کوچه ها از نوروز خبری نیست
نه از خریدن لباس نو ... و نه از شوق کودکان ....
نه از سبزه و سنبل و نه ماهی سرخ کوچک ...
نه ، هیچ خبری نیست....

این جا برای شنیدن و نوشیدن بوی عید نوروز......
و برای احساس کردن عید... در ژرفای قلب خود ،.. در زیر پوست خود....
باید.... به بازارهای ایرانی بروی.....
و چشمها را ببندی...   و بر بال خیال بنشینی
و برفراز آسمان ایران به پرواز در آیی
زیرا در اینجا عید نوروز فقط در د که های ایرانی آفتابی میشود

***

آه .... ای سر سودایی من.... بگو با من
آیا انجام تمامی معجزات
زمین و آسمان و حتی خدایان
می توانند رؤیا هایم را....
روزم را.... نوروزم را بمن باز گردانند.....؟

آه ..... ای سر سودایی من.....
من باز هم روزم را....روزگارم را   ..   نوروزم را گم کرده ام......

***

آه یگانه ام بگذار........
آسمان ها....هم چنان روشن یا تاریک...
روزان و شبان، .. آزاد و بی دغدغه
هر ترانه و ترنم دلخواه خود را بسرایند.......
ابرها ی عریان ؛ رها از هر قید، آزادانه به راه خود بروند
و با وزش هر نسیم....، به شکل دیگری درآیند........
برقصند ....و شادی کنند وبی هراس در هم بیامیزند

و برسر هر خاک یا سبزه ...
هرزنده یا مرده......... یا خفته
ویا هر جسم و جان خسته......ببارند
یا از هر چشمی آبشاروار فرو ریزند

***

آه ... یگانه ام بگذار...

من بتوانم ...... آزادانه تر...بهارم را...... هر زمان
در جام وجودم نوش کنم

و شبان و روزانم را ......   و عید و شادمانی نوروزم را
در رؤیاهایم، بهر صورت که بخواهم......
در کنار تو .... در کارگاه خیالم ، جانی تازه بَخشم

***

آری یگانه ام.......
میدانم...... تو نیز در دوردستِ آرزوها و حسرت ها........
در کرانه های بکر آب های دیگر سوی سرزمینم ...
چنان در غم خاک و نان و نَفَس غرقه ای
که مهر و ماه را،..
روز و نوروز و عید و بهاران را
آزادی را... و من و ما را از یاد برده ای..
و تمامی تلاش هایت
در برکه ای بی نام و نشان وسراپا فریب ،
بنام آسمان.... متلاشی و باژگونه شده است

وغولان.. و دیوان.. و دَدان .. هم چنان بر سریرند
و سد های ستبر ستم ..هم چنان راه بر اَبر و نور و باران بسته اند
و تو نیز به ناچار و اجبار.. در سراشیبی سقوط.....
به دریافت سبدی پر از ذلت، انباشته از تحقیر
تن در داده ای ..... و دل خوش کرده ای

***

اما یگانه ام.... کاش می گذاشتی ...
رؤیا هایمان.... در شکوه ناکامی غرور آمیزمان
هم چنان درخشان باقی بمانند
اما...شادا... من می بینم ..در شکست سرما و سیاهی و ستم
بهار .....پاورچین.....پاورچین
ازفراز دیوار ریختهٔ خانه های سرد و سیاه
واز کنج قلبهای نومید و تباه ... سرک می کشد
پیشا پیش ... من بوی نان تازه را در افق میهنم حس می کنم
من نفس های تازه خاکم را می شنوم.....

من میدانم ... رؤیا هایمان بزودی میرویند....
و بهارم و نوروزم و روزگارم .. باز هم سبز می شوند.....
من نرمای سبزی های نو دمیده امید را
امید شکستن دیواره های سرما و سیاهی و ستم را
امید چیدن سفره های هفت سین را
د ر سراسر کوچه های شاد و آزاد سرزمینم
شادمانه می نوشم و حکایت آن شادمانگی را
با شمایان و همگان درمیان می نهم

من میدانم ، میدانم
رؤیا هایمان، آرزوهایمان، بزودی میرویند.....
و من تمامی گم شدگانم را،
در روشنائی سپیده دمان فردا باز خواهم یافت

و من باور دارم که در فرجام راه
تمامی خاکم ؛.. عشق باران،..عید باران ....
نوروز باران ، ...   خواهد شد......   میدانم ...
..میدانم ،....   میدانم ....

1 روز مانده به نوروز 1393   --   فوریه 2014 – لوس آنجلس

" آن دود که از سوز سخن بر سر ما رفت "

از هر زبان که بشنویم سخن عشق نا مکرر است...
اما در این غربت غریب غرب ؛ دیگر این فقط سخن عشق نیست که نا مکرر است
بلکه ؛ سخن از سرزمین مادری ؛ از سرزمینی که دل و جان و فکرمان به آن وابسته و
پیوسته است ؛ از آن سرزمین سوخته بی آب و هوا و بدون آزادی های انسانی و حقوق
بشری ؛ آن سرزمینی که بیش از دوهزارو پانصد سال است که اجداد پدران و مادران و
تمام نیاکان ما در آن خاک برای ابد خفته اند .....و......و.....و
و این سروده شوریده حاصل همه نابسامانی ها و پریشانی های فکری و ذهنی اینجانب
است . امیدوارم بتواند گوشه ای و اندکی از اینهمه نابسامانی را انعکاس دهد.

چگونه پاره های قلبم را بدور افکنده ای ؟
چگونه تکه های روحم را در هفت اقلیم جهان پراکنده ای؟
چگونه لبان خاک و خاکدان را از هم شکافته ای؟
تو
شوکران پریشانی و سرگردانی را به جام وجان آمیخته ای

***

آه ، من از چه و برای که سخن می گویم
من با پاره های جسم و تکه های روح مجروحم

از فصل های سیاه و سرخ سکوت خواهم گذشت
از فراز بلندترین صخره ها
با پرواز با ؛ بالهای تو
با عبور از عمیق ترین دریاهای عاشق عشق
به وادی ایمن راه خواهم یافت....!
آه ، . . . .
وادی ایمن ! . . .
آرزوی هرشبانه روزم

***

آه....
من از چه می هراسم؟
من از سلاله عاشقان
من از قبیله ی وارث عهد های خدایان
از چه پراکنده و سرگردانم

***

ای انسان ، .. ای هستی .... ترا می سرایم ،
ای زندگی ترا می ستایم

های سرزمین من . . .
سرزمین روزها و آرزوهایِ سرمد یم
از نگاهت جاری ام . . .
هستی و خاموشیم ، از تست

***

حصاری لرزیده ام
بی سقفی و تکیه گاهی
با دو کولبار از لعنت و برکت در سرزمین غربت
چگونه بر پای بمانم بی تکیه گاهت؟

آه... همزادان توأمان من
آبگینه و سنگ
آه ..... من از چه سخن می گویم ...؟
دریغا...
با نهایت استواری و پایداری
می هراسم ، ..... می هراسم

سد سیوند

دلم می خواهد ، دیگر بار، مست شَوم
و در عام مستی ، با هستی درآویزم
پهلوان پهلوانان، رستم گُرد، گَردم
یلان ایران باستان را از نو برانگیزم
خون ایران ستیزان را
مار دوشان را
چنگیزان این دوران را
بر آب ریزم
بر آب های سد سیوند
وگر نتوانم ، بازهم
دلم میخواهد مست شوم
و همره " آرامگاه کورش "
" آن ابر مرد اهورائی "
در آب های " بند سیوند "
غرق شوم ، غرق شوم .... نابود گردم
آری ...آری.....
کجاست آن ابرمرد این دوران؛ شاهنشاه فقید ایران[1]
که با خیالی خوش
با ایمان به بیداری ، وفاداری مردم می گفت:
" آسوده بخواب کورش ...
ما بیداریم "
کنون او خفته است ،
تنها غمگین در خاک بیگانه
وبانو و فرزندان او ، هر یک بنوعی...
زنده یا مرده ؛ درخاک یا آب های غریب ، دور افتاده
و ما ، در ظاهرزندگان؛ در خاک غربت،
دیوانه . . . ، دیوانه،

1- محمد رضا شاه پهلوی .

بظاهر شاد و خرم ، . . .

در باطن دل شکسته ... ، به ویرانه

دلم می خواهد بهم ریزم بنیاد این همه پستی
این جنون ، دیوانگی ، این همه سُستی
اگر با چنگ ، یا دندان
اگر با جان خود، یا کلِ هستی
زریشه برکنم بنیاد این همه ذلت ، حقارت؛ این همه پستی

آری ، آری ....
آرزو دارم ، مست گردم ، و در عالم مستی
یلان ایران باستان را، از نو برانگیزم
خون همه ایران ستیزان را
بر آب ریزم ،
بر آب های سد سیوند

و دیگر بار
نوائی تازه در عالم دراندازم
" بخواب کورش ، آرام آرام ؛ آسوده "
در آرامگاه جاودان خود

که این بار ؛ نه یک تَن مَرد . . .
بل تمام ملت ایران
بیدارند ، بیدار بیدار
" اکنون تو بخواب آسوده و آرام "

مهر ماه 1386

خاک گمشده

اناری زخمی

کودکی در سنگری کوچک بسان دخمه ای درخاک

دو روزنه، به قطر لوله تفنگ

و رَدی از خون

تلالویی کدر

خلوتی پاک

نگاهی خاموش

فضایی تاریک

و دری باریک

بشارتی روشن ....

آوایی رسا از آن سوی سده های تاریخ

و آرزوی رهایی از دام زمین و زمان و آسمان

دریغا .... فسوسا

تکه های روحم

پاره هایی از سرزمین گمشده ام

گوشه هایی از تن هموطنانم

که در هزار کنج تاریخ و جهان پراکنده شده اند

چگونه پیداشان کنم....؟

چگونه دور از آنها ....

دور از شمایان میتوانم آرام گیرم ....؟

دریغا .... دریغ ....

آزادی

آرزو داشتم ...، بی بغض ؛ بی تبعیض
بباری برمن و بر تن تشنه ی خاک وطن . .
و روح و جسم مرا . . . . ، و جان فشرده زمین را ...
سیراب و شکوفا سازی.... لیک صد هزار افسوس
***
ای آزادی .....می خواهی بباری .....
بی بغض ؛ بی تبعیض.... ؛ با عشق و عدالت
و جسم زمین و جان آدمیان را سرشار سازی
اما، . . . کوه ها و دره ها . . . ؛ سال ها.. ، سدها.. ، فاصله ها
زندان ها و زنجیر ها ...
به تو اجازه و امان نمی دهند
***
ای آزادی .... دریغا ....بناچار
سیلاب می شوی، و مرا... وعشق را و عدالت را
با خود به دیگر سو می بری
آزادی ... ببار ... آزادگی بتاب... بی بغض ؛ بی تبعیض ...
برخاک خون آلود و ...... و بر جانِ تشنه وطن
و ای هم وطن ..... هم اکنون برپاخیز....خطر کن
بخاطر آزادی ؛ بخاطر رهایی پرندگان ... بخاطرمفهوم بهار
بخاطر نوزایی جان و روان خاک ایران
بخاطر ...... بخاطر

3/28 /2018 ... LA

نوروز در غربت

روبه دریا بنشسته ام؟

یا رو به سوی جنگل و ساحل ؟

یا روبه سوی سرزمینم... خاک پاک میهنم ... ایران

رویم به کدامین دریاست ...؟

اقیانوس آرام درنام ؟..، اما در اعماق، چونان من تلخ ، گریان و ناآرام

یا ساحل قدیمی سبز خزر؟ با خیزابه های پر غرور، اما شور انگیز ، آرام

یا تنگ بلور ماهیان سرخ است این .....؟....

برسر سفرهٔ هفت سین ....

که در چشمانم چونان دریا می نماید؟

رو به کدام جنگل بنشسته ام؟

در جمع درختان ... ، اما چونان من درباطن . . . . ،. . تک تک و تنها ....

کدامین جنگل است این ....؟

جنگل رام سر ..؟... یا سخت سر؟،

یا انبوه درختان تنها ، در جنگل غربت؟

یا سبزه های سفره هفت سین است این

که در چشمانم چونان جنگل های ایران سرسبز می نماید؟

بنشسته ام بر سر سفرهٔ هفت سین ... سرب و سنگسار

با تصویری دوگانه در ذهنم

با جوانه هائی که در چشمانم میرویند .. روشن و شاد .. پر امید...

یا تسمه هایی که می کوبند بر موج راه پیمایان ، سربی و سنگین
با داغ های تازیانه ، خونین و چرکین ...

دقایق در شتابند.... ، روزها و نوروزها در تکرار
سال نو.... نزدیک
راستی.. راز نوروز را که میداند؟
دریا ... با خروش جاودانش؟
باران، با این ریزش آبشار وار بی امانش؟*

می بارد تا که بشوید
لکه های ننگ بنشسته بر پیشانیِ پاکِ پرچم سبز و سپید و سُرخم را
با شیر غرانش، خورشید فروزانش
درمیان زخم و دردی ، از درون خاک پاک سرزمینم

بنشسته ام بر سفره هفت سین در غربت
هفت سین ...سنگ و سرب ، سیر و سماق و سنگسار
سرهای آویخته از چوبهٔ دار
سنبل روئیده از گورسهراب و ندا
راستی این همه سین ها ی نوروزی.... چه میگویند ؟

***

اما ، بناگاه تو آمدی..

و نوروز آمد..

و پرده فرو افتاد

تو آمدی

و عشق جوانه زد و عید آمد....

سختی و سرما و سیاهی شکست و بهار بارید

تو آمدی و سال نو آمد و مهربانی روئید

و فر و شکوه و شوکت و جلال ایران و نوروز

جهان را فرا گرفت

وفردای هستی سراسر سبز شد

***

وینک ، بر سر سفره هفت سین در غربت....

من هم چنان اندیشناک...!! خیره ....!! برجای مانده ام

اما ، چونان البرز و دماوند ،...   برپای می مانم

همیشه استوار . . . . چون سرزمینم ایران

همواره پایدار ....   تا جاودان

اگوست 2014 میلادی – آمریکا – لوس آنجلس
در نوروز 2012 بارانی سیل آسا در لوس آنجلس می بارید.
خلاصه ای از یک شعر بلند

ای ایرانی .... بیدار شو .... ؛ بپاخیز.......

بمناسبت سالگرد فاجعه شوم 22 بهمن

هلا؛ ای ایرانی ....

دیگرخواب زدگی یا خواب آسوده ممکن نیست

دیگردر وطن کسی قادر و بیدار نیست......

تو... بیدار شو... بپاخیز... باید، ما همگان بپاخیزیم

که سالهاست . . . . .

زمانِ خواب آسوده و خواب زدگی بگذشته است

ای ایرانی ..... بیدار شو .... از نو برپاخیز

که خاکت....پرچم شیر و خورشید ت سالهاست ، می سوزد.......

وطن در هیچ نقطه اش یا دقیقه اش آرام نیست آرام نیست

ضحاک خون ریز.... هنوز هم .... برتخت رهبری بنشسته است ؛

***

های جمشید؛ کورش ، نادر...رستم؛ رضا شاه ؛ های همگی امیران ایران ساز

هر چند حالا هم خیلی خیلی دیر است

اما هم اکنون همگی بر پا خیزید

که در خونین خاک وطن ، ....ایران ......

میان ایرانیان و ایران ستیزان ...

جدالی سخت در پیش است

نبرد مرگ با غرور و افتخار ...که بس بیش ارزد

بر زیستن ، اما با ذلت...زیر پرچم قوادان ... ایران فروشان

خونخواران ... خام اندیشان ...عرب تباران...انسان ستیزان....

که شادی ، آزادی و آزادگی را ، مدام بستیزند ،ایرانیان را خوار دارند

مهرگان را ..... چهارشنبه سوری را ... بهاران و نوروز را.....تاب نارند

***

ای ایرانی اکنون نیک بنگر......

اینک بر سر هر کوی و هر برزن هر شهر ...   دارها برپایند

و سرهای جوانان بی گناه بردارند... این جلادان نقاب بر چهره

درخاک وطن فقط خون می کارند و از آسمان مرگ می بارند

***

هلا ؛ ای ایرانی...هم اکنون باید بیدار شوی.....

خواب خوفناک بس است دیگر.....

هم اکنون ؛ همین لحظه باید بپا خیزی ....

رستم و طوس... داریوش ؛ نوشیروان و گیو را فریاد کنیم

که در میهن...... رزمی بس سنگین و چرکین در راه است

می باید صحنه و چهره .... دیگر کنیم....

ای ایرانی.... از مرد و زن ... پیر و جوان

بایدغبار قرن ها ؛ تسلیم و سکوت و خرافه را ؛ از چهره بزداییم...

سراسر مردمان ایران زمین ، من و ما و شمایان را چشم در راه اند

این روزها تمامی دشمنان.... بدخواهان....

زبانها شان لال ....گوش هاشان .. کر... و چشمها شان کور...

دراین آخرین دم ها....

وطن را....تکه تکه ... قطعه... قطعه و... ویران می خواهند

ای هم وطن ....اکنون بایستی...همگی برپاخیزیم

لباس رزم ، برپوشیم ...آرش و کاوه را....بازبخوانیم

درفش کاویان را ... باز برافرازیم

سرود آزادی ایران را ....باز، آواز کنی

نغمه سرافرازی ، میهن را... از نو آغاز کنی ...

که ما "ملت ایران" . . . .

از تبریز تا خوزستان .... از کردستان تا بلوچستان ....

از نوشهر تا بوشهر...از شرق تا غرب ، شمال تا جنوب

همه ما سربفرمان .... کورش کبیر

در سراسر جهان ؛ جان بر کف و پای در جان

فریاد برداریم ....

زنده باد آزادی

جاوید ایران

جاوید باد ایران ...جاوید باد ایران

در چهلمین سالگرد فتنه 1357 خورشیدی ...فوریه 2019 میلادی

حسرت نوروز در شیراز

نوروز و بهار باز هم می رسند

حسرت ناگفتنی خفته در قلبم

و امید رویان نهفته در جانم

هر دو با هم ، در چشمانم موج میزنند

و بارش باران بهاری

با بهانه ، یا بی بهانه ، جوانه می زند

***

باز هم ، نوروز و بهار ، با هم فرا می رسند

بازهم قطره ای با یاد خزر ،

در چشم من ، به رویش می نشیند

و سبزه ای در اندیشه ام ، با یاد هفت سین ،

همان هفت سین ، سنگ سنگسار . . .

همان هفت سین ، سرب گلوله باران نخبه های وطنم

وطن از دست رفته ام . . . . و خاطرات بر باد رفته ام

اینجا ، در این غربت ناخواسته ،

اما در دل و جان و روح و روان نشسته ،

کمتر، رایحه ای از نوروز ، به مشام می رسد

با حسرت نوروزم

بر مزار حافظ پر رمز و راز چه کنم ؟

لوس آنجلس ، نوروز 1396خورشیدی . . مارچ 2017 میلادی

خروش خون

تقدیم به تمام مادران داغدار جهان
بویژه ایران و اسرائیل

جسم و جانم...، وطنم
تنم و هم تنم، خاکم
هنوز .... خاکستری و خراب می خواند

خورشید خسته
و آسمان بسته است
و او هنوز هم خراب می خواند

درهم ریخته ، خرد شده ... خفته در خاک ،
خاکستری می خواند .... خراب ، خاکی ، ویران
سیاه می خواند
و نه خواب ، نه بیدار .... در بی زمان
برخود آوار می شود

***

شامگاهی دور ..... آبی ، عاشقانه، آرام
در نطفه ای هستی یافت ....سبز شد

اما، تار.....جوانه زد .... تیره ....روئید ....
تاریک بالید .... سیاه و سیاه تر........... دید
سیاه سیاه ،.. اما پر امید جنگید ..... اما ناگاه....
رگباری سوزان، سربی ... . او را از ریشه سوزانید
سرخ سرخ ، .... سوراخ سوراخ
خونین و سرخ و سوزان ... جاودانه شد

زمانی ،...در زندان ... ساعت پنج پگاهان
در رویای رهائی
همهٔ ما ، هر روز ، ...   آبکش می شدیم
همهٔ ما ،   ماه ها ، آویخته بودیم ،
خونین و معلق، ....
از سقف پر فریب خدایان
و اینک، من .... خم شده، نالان،
خُرد و در هم شکسته، .. ..   برخاک ریخته ام
واو ..خونین ، سوراخ و نورا نی
ایستاده ، استوار مانده است
و من صدای روشنِ ریزشِ خونِ روانِ او را
در جانم میشنوم، .... چون شرابی سرخ می نوشم
آن ها با جسمی بی جان ، اما بیدار
جانی زنده ، امید وار، برجای مانده اند
و من با جانی خفته ، در جسمی زنده ،
خرد شده برخاک ریخته ام
و چشمان من بتدریج ، ...   سرد می شوند
و نگاه سوزانم ، برهنه ، یخ می زند

زمانم بازگون شده است ... وخاک من،
با پیکری خراب و خونین ؛ هنوز هم پر غرور می خواند

اما ......از دور دست ،   رایحه رویش ،
سبزِ سبز ، دوباره، آرام ، آرام
در روانم می روید ... در جانم می نشیند
و در رگهایم ُگُر می گیرد
این بار، سبز، سپید ، سرخ ....   آتشین ، ارغوانی...
روشن ... روشن .... آبیِ آبی ... آبی ....

لوس آنجلس - 22بهمن-1389

دلاوران ایران ما

تواز جنس دیگری هستی ....
به کجا میروی ....؟.. نمی دانم .... از کجا آمده ای ......؟

نمیدانم چه در سر داری ....؟

و نمیدانم در دلت....

در خلوت تنهائیت....   چگونه می مانی ....؟

و رویاهایت را چگونه می رویانی ... ؟

و زندگی را چکونه سپری می کنی ....؟

فقط میدانم ... تو از جنس ویژه ای هستی

و گِل تو از خاک وطن است

جسم وجانت از جنس و وجهان کورش و اهورا است

و وجودت ، به صلابت الوند و البرز کوه

و در آن لحظه پرواز موعود ... جانت .....، جسمت

قلب و مغز تو ..... تن و روح و روان تو

و تک تک یاخته های وجودت

سوار بر تیر آرش

در پرواز " بسوی ایران " است

در آن لحظه... همه ایران تو می شوند......

و تو..... ایران می شوی

و فریاد تو .... فریاد همه ایرانیان...

ایران سبز ما

ایران سپید من

و ایران سرخ تو

22 بهمن 1390 خورشیدی ... لوس آنجلس

بهاران با جنگ

"بیاد نوروز های پژمرده در جنگ و با درود
به روان پاکانی که با فدای جانشان مرزهای وطن را
حفظ کردند و بهاران را به ایران باز گردانیدند"

و آن زمان که ....
مرگ آرام نیز حسرتیست....
فروزش شعله ی ترسی
اندیشه ای لرزان و نا به سامان
آژیر ؛..... موشک
تخریب و ویرانی،.. مرگ و مرگ
ناگاه زندگانیت را پریشان می سازد
آه....
ناقوس ها ، چرا آرام گرفته اید ؟
و برخود نمی لرزید؟

این عقربه های پیر پر نیرنگِ پست
این رقاصکهای گول مَست
چه بی تفاوت و رام می چرخند
آیا می رقصند؟

آه ....
ناقوس ها، چرا ، آرام گرفته اید؟
چرا از غرش باز مانده اید؟
چرا برخود نمی لرزید؟
سکوت حصار ؛... و حصار سکوت
با شیهه ی شهوت کشتار انسانهای بی گناه،
در هم می شکند

مریم های باکره
هزاران جوانهء مول را باردار می شوند
شکوفه هایی که سبز نشده ، سوخته اند
ماه و خورشید و ستارگانی
که شکسته و پرپر ، ... ... بر زمین ریخته اند
آه ......
های ناقوس ها، چرا آرام گرفته اید ؟
چرا دیگر برخود نمی لرزید....؟
چرا نمی غُرید؟
چرا زمان دیگر نمی گذرد؟

هان زمین ؛ .... چگونه هنوز بر مدار خویش خفته ای؟
خورشید ، چرا رخ نمی پوشانی ؟
انسانِ شقی بی ریشه ،
خزه وش ، گرگ صفت ، لاشخورسان ، خون ریز....
چگونه من اینهمه بتو دلبسته ام ؟
چرا و چگونه هنوز می سرایم؟
آه .... دریغا.... ناقوس ها هم چنان خفته اند
و زمان نیز دیگر نمی گذرد
دریغا.... و دردا این زمان
که مرگِ آرام نیز حسرتی ست

71/11/27 - شمسی- تهران

بهاران و ایران

ایرانِ من ... وطنم ... تمامی تنم
گل ها ..... فقط در بهاران شکوفا نمی شوند
و ماه و ستارگان .... فقط در آسمان نمی درخشند
و خورشید هم ...؛ همواره پر جلوه طلوع نمی کند

یگانه ام .... ماه بانویم . .. .
ایران من ...سرنوشت تو ... سرنوشت من ....
برای من ...بهاران... حتی در زمهریر زمستان
در دیدار تو .... می روید
وگلها...... در هر زمان و مکان ....
فقط در خاک تو می شکوفند......
و ستاره های جاودان آسمان زندگی من
فقط بر فراز قله های پر برف و پُر غرور تو میدرخشند

سرزمین روزها و آرزوهای من
ایران من ...میهن من ، زادگاهم ...تمامی، جسم و جان و روانم
خورشید من.... فقط بر فراز آسمان همواره درخشان و تابنده ،
یا حتی تیره و تار تو طلوع میکند

یگانه ام ..... سرزمین من ..... ماه بانویم........

ای وجودت و امید دیدارت... بهترین بهانه ی زیستم

سرنوشت من ، بهاران من،شادیهای من ،فقط در دشت و کوهستان

و وجود جادوئی یا سوخته و شکسته و درهم کوبیده تو شکوفا میشود

دریغا..... همه این سالهای زندگانی

هم پیری و هم جوانی

در سرما و سیاهی و غربت و سرگردانی

بی باغ و بی بهاران . . .

بی خورشید و بی ما ه و ستارگان

فقط در سکوت و تصور و تخیل ولی پرتلاش ...

فقط.... با امید عشق و بهاران گذشت

دریغا ... از سرزمین داغ دیده و خسته ی تن من

و سرنوشت و سالهای در هم شکسته .... روح من

و خاک تباه شده و امیدهای سوخته وطنم

دریغا...... ایران من.....

سرنوشت من ...... سرزمین من ...

اما میدانم . . . .

آن خاک سیه پوش شده ی من

از نو خواهد روئید

سبز سبز خواهد شد....

هر چند شاهد باشم ، .....

یا خفته در خاک بیگانه

رودها و دریاهای مرده ی زادگاهم ...

دوباره جان خواهند گرفت ... زنده و روان خواهند شد ...

و ایران من .....

باز ، خرم و سر سبز ؛ آزاد و سرافراز

سر بر سریر سماوات خواهد سائید

سرود زندگی

سرزمین رنگین ام
شعری در چشمانت... سرودی در دستانت
و غلیان شعله های زندگی

و من بسان .... غریقی در غربت دریا
در انتظار دستانی آشنا

زمین مأیوس... درختان تکیده ... انسان خسته
اما آسمان ؛ شاد و یله
کوچه ها ؛ چشم براه بوی عشقی ....
اما قلب ها؛ سراسر کدورت
جوی ها ؛ لبالب عفونت

چشمانم ببارید
با نیاز ابرهای سیه پوش باردار؛ در اندیشه بارش
تا محاق ماه غم

رنگین کمانم ... ؛
چشمانت را بر غریق غم بگشا ....
و بگذار سرود دستانت ..... از آسمان
ندای باران سرخ گل ها باشد
و جوی ها و کوچه های جهان را
از عطر آشتی و عشق بیا کند
شعری در چشمانت .... سرودی در دستانت ....
و غلیان شراره شعله های زندگی

باز نویسی آپریل 2018 ...لوس آنجلس

سعیده و خورشید هفت هزار ساله

درمیان ریشه های هفت هزار ساله ام .. .. گنجی نهفته دارم
غنچه ای ؛ نا شکفته ؛ پژمرده شده
خورشیدی، خونین و غروبین

***

در هزار توی این دهلیز های بی پایانِ خرافات
همه پرده های هستی را این خونخواران دریده اند
خون بکارتِ نه ساله ام !!
قطره قطره از میان ران هایم می چکد ،
و بر تیرک و دکل خوفناک زندان بانم
این هرزه گرد هزار و چهار صد ساله خشکیده است
این لاشخور منحوس؛ . . . چهارده قرن است
مدام جان و جسم مرا و ما را می مکد ...
تا جوان و جوان تر شود
سرزمینم را می کوبد... خاکم را می دزد
و وجودم را می کاهد و تمدن و تاریخم را به غارت می برد

***

خردسالیم خام .... جوانیم کال
در میان زمین و آسمانی چرکین... و گلوله هایی سربین
دریایی شکافته... قَمَری شقه شده
مادری باکره ... خدایی ... خفته و خاموش
و انسانهائی ریائی ...؛ منتظر موجودی (در عمق چاه) ، موعود الهی گذشت

اکنون ؛ با پیرسالی فرارسیده ام ... چه کنم؟...

اکنون؛ ای عجوزه خونین

ای خون ریز بی امان

ای خود را جانشین خدا خوانده !!

ای ضحاک زمان !!

اکنون دیگر زمان گریستن توست

زیرا که من و زمین ؛ آسمان و دریا

برای آزادی .... هم دل و هم دست و هم راه شده ایم

ای شمر دلقک زمانه ؛ فراموش نکن

در غیاب رهایی و عشق و عدالت

بهار دیگر نمی آید

و دریا از خروش باز می ماند

اما .. .. اکنون دیگر من و زمین و آسمان ؛ موج و دریا .. ..

هم دل و هم دست و هم راه .....

برای آزادی ؛ می خروشیم و می جنگیم و .. .. جان می دهیم

آه .. .. ای آزادی ....

آی آزادی . . . . .

آه ... ای ایران ؛ ای ایرانِ آزادِ من

***

میدانم..... میدانم

آتش سوزان خورشید فرا گیرم

روزی جهنم خونین آنان خواهد شد.

زمستان 1388 خورشیدی.....   2009 میلادی

زندگی و زندان.....و دیگر هیچ

به کودکانی که در زندان متولد شده اند

و ... چنین بنظر میرسید که ،
    او هرگز زاده نشده است ......
ومن نیز، هرگز زاده نشده ام...
و ما ...... هرگز بیاد نمی آوردیم.. زاده شدن را .... کودکی را
    و بازی های خرد سالی را......
    جز عکسی پاره، در یک قلب قدیمی شکسته و کهنه ...

***

تمامی لحظه ها... در اضطراب... و نهایت یأس ... او باور داشت ...
زندگی یعنی زندان !!!!   خانه یعنی سلول...!!!!
    و تفریح ، .. یعنی هواخوری
    در داخل سلولی که بجای دیوار نرده های فلزی دارد...!!

او هرگز ، هرگز ، آزادی و رهائی را نمی شناخت
    او باور داشت ....
برای داشتن غذا........   برای داشتن اجازه زندگی ،
و ماندن در سلول زندان ....و نه ..... اخراج.... و به خیابان افتادن
    و در سرمای زمستان.... بی خانه شدن
    و در بدری و سرگردانی در پی آن
پدر باید روزانه شلاق بخورد....
    و نه بر پای راه رود ... که بر سینه اش بخزد.....
و هر زمان ناخن هایش بلند می شود.........
به جای کوتاه کردن ...   باید آنها را از ته بکشند و بکنند..

و مادر باید همواره
در کنار همه مردان بخوابد... و به جای حمام عادی
با ادرار مردان دیگر ... دوش بگیرد...
تا او بتواند . . برای استراحت و هواخوری
به سلول هوای آزاد برود...
او یقین داشت
زندگی یعنی ...... زندان و . . . و دیگر هیچ

او هرگز آزادی و رهائی را نشناخت

***

این تمام باورو یقین و ایمان و زندگی او بود......
و او سپاسگزار زندانبان بود.....
و او خدا را شکر گزار بود.....
که جهان زندان را خلق کرده است
و سعادت زیستن در سلول را
از او دریغ نکرده است
که او بی خانمان نباشد

***

من او را دیدم.... من او را شنیدم
من با او روزگارانی در سلول زیستم
وبار ها ، من با او
و بارها من، خود را و ما را و او را و زندگی را گریستم

و در غلیان و طغیان خشمی کور ،
من خود را ، .. سربرسنگ کوبیدم
و در سرشک خون خفتم

زندگی....
زندان....
ونه دیگر هیچ...

تهران - اسفند ماه شمسی 1373

پرندگان سربین جان باخته

دوازده گُل ..... دوازده گلوی بریده

دوازده گلوله

دوازده نعره سهمگین ...... دوازده حفره خونین

دوازده نعش منفجر و دریده

فتاده بر سقف خانه شیطان

با تصور در آستانه دروازه بهشت

می اندیشم:

آیا رگبار دوازده شبضربه هم آواست ؟

آیا ترنم دوازده ترکموج موشکهاست ؟

صدای ریزش دوازده سیاره سرگردان درخشان است ؟

یا خروش و انفجار دوازده ستاره رنگین و نورافشان... در کهکشان است ؟

دوازده کابوس سیاه بر رؤیا یم

دوازده جهنم سوزان در جانم

شاید پژواک فریاد بی ثمر دوازده حوری بهشتی یا حواریون مسیح است ؟

دریغا....

پرواز دوازده پرنده سُربین

نشان انفجار زندگانی ، نابودی انسان ها و اندیشه ها

و بی خبری خدایان است

بهمن 1357 خورشیدی- تهران

ای بازجو ... من هم انسانم

ای دژخیم، با من سخن بگو ....
من هم انسانم ...
اما، من از سکوت می هراسم....
من از سایه ، سیاهی ، سکوت وسرما می ترسم

ای بی ترحم ....بازجو...   من از تو نمی ترسم ...
من از داغ و درفش ....   شکنجه و شلاق
زندان و تیرباران
قفس ؛   حبس نفس نمی ترسم
ولیکن تاب تاریکی ؛   ندارم

***

ای دژخیم ... توبازجوئی....
سکوت را بشکن
تو باز جوئی ؛... بپرس ...بزن ...بکوب ؛ بکش
هر حیله ای درچنگ داری ، بکارگیر
اما سکوت مکن ....
من از تو نمی ترسم
ولیکن تاب خاموشی ندارم

***

ای بازجو ، تو دژخیمی ، اما
چراغ چشم خورشید را روشن گذار
بگذار جنگل ها بر خروشند ....
کوه ها نعره کشند...
دریاها هم چنان پای فرو کوبند
اما،......بگذار ایران ما،
باز هم سر برآسمان ساید

ولی بدان
من از سوختن چشم با سیگار ......
یا فرورفتن در چاه آتش سوزان
از ضربه های تسمه   یا   تازیانه
با سیم سربی ... یا که چرم
آویختن معلق در فضا...... از پا
یا ناخن کشیدن ؛...... توهین شنیدن
مشت و لگد خوردن
دندان شکستن ؛ خونین شدن
در تابوت یخین مدفون شدن
یا در لانه سگ فرو کوبیده شدن
هرگز نمی ترسم
ولیکن ... از سیاهی و سکوت ،
سایه ا فکنده بر خاک میهنم ایران می ترسم
***
ای بی ترحم بازجو
من یک انسانِ ایرانیم....
تو هم نیز انسانی و ایرانی می نمایی
ای شکنجه گر نابخرد
خواهشی با جان خود دارم
بر فراز خاک ایران
چشمه عشق و چشم خورشید را
جاودانه جوشان و روشن باقی گذار...
و باورکن.....
به جز فردای ایرانم
من از هیچ چیز
حتی مرگ نیز، هرگز نمی ترسم

1994 میلادی تهران – ایران   02-19-2012 میلادی   لوس آنجلس

نه، هرگز چنین نبوده است

اشاره به نصب تندیس گونه ای است که متاسفانه بدون هیچ
ارتباط، بنام و به یاد " لوحه حقوق بشر کورش کبیر" توسط
بنیاد فرهنگ ایران در4 جولای2017 با خرج ادعایی میلیونی
در بلوار سانتا مونیکا لوس آنجلس نصب شده است.

نه، ... نه، هرگز چنین نبوده است .... نه، هرگز چنین نخوانده ام
و نه، هرگز چنین ندیده و نشنیده بودم

که ملتی ، دروازه های زمین و آسمانِ وطن خود را ، گشاده

و یا انسانی در و پنجره خانه خود ، را گشوده...و دشمن را در لباس دوست

به سرا پرده و خانه و خاک خود فرا خواند

و نه تنها که او را فرا خواند .. و مهمان کند .. بلکه ... سر درپای او گذارد

و به قیمتِ فریب ، و خد عه ای، روی گشاده و باز ... نه پنهان و پوشیده

و به ازای دریافت یک " هیچ" اصیل و از صمیم قلب و بیان شده

گُل و گلوگاه ... خان و مان .... زن و زندگی

فرزند و فرهنگ خود را فدا ی او کند

و روح و روان .... نام و ناموس ...و جان و تن ... و وطن خود را بدو بسپارد

نه ،... نه، من هرگز نخوانده بودم... نه، من هرگز نشنیده بودم

نه،... نه، من هرگز در تاریخ نخوانده بودم ...

و نه هرگز حتی در داستان ها چنین نشنیده بودم که :

مردمانی بعد از آنکه دانستند......

با امیدی واهی ، به راهی ... خبط و خطا رفته اند

و همه هستی و داشته های خود را

به یک "هیچ " اصیل ، واقعی و به زبان آمده ،.. احمقانه باخته اند

و از چاله ای کوچک ، با رویایی پوچ، به چاه ژرفی درغلطیده اند...

باز هم دانسته سر به زیر برف پنهان کنند

و باز هم ؛ به تسخیر جهان جهل ، خرافه و خرافات درآیند
و مایل باشند و باور کنند و بخواهند از قعر آن چاه عمیق...
رهبری عادل و عاقل و دانا را بعد از ده ها قرن سکوت و غیبت ؛
بعنوان رهبر کنونی و آینده ؛ ایران و جهان به زنده گان ، بقبولانند
نه ؛ من هرگز نشنیده بودم... نه ؛ من هرگز نخوانده بودم

نه،... نه، من هرگز ندیده بودم

و اکنون که دیده و دریافته ام
مبهوت و حیران؛ ... در مانده ام ، که چه می توانم کرد...؟
***
میهن به لجن کشیده شده ام را چگونه از نو زنده کنم؟ ....
آب وهوای آلوده و خاک خونینم را چگونه پاکسازی کنم....؟
حیثیت و هویت سیاه و تباه شده سرزمینم را چگونه باز سازی کنم ؟
میخواهم، با تمام هستیم آرزو دارم ، اما، آیا می توانم؟
آیا می توانم با خرج ها ی میلیون دلاری بی مورد !!و فقط تبلیغاتی و نسنجیده!!
تمام اعتبارهای باخته و برباد رفته ملتم را جبران کنم....؟!!؟
و با تدبیرغلطِ ساختِ تندیس گونه ای کوتاه قد، نه گویا و رسا!!
و نصب پرهیاهوی آن در میانه ی تند راهی ... در کنار چراغ قرمز
بدون هیچ گونه امکان دسترسی و میدان دیدار!!
و فاقد هرگونه گویایی و مفهوم !!
آیا می شود هویت کم نظیر مفت باخته ملتم را، باز سازی
و از نو زنده کنم...؟
آیا می توانم ...؟

***

اما ، ای هم وطن ، ای دوست

بگو ، با سرزمین سوخته

و حیثیت برباد رفته میهنمان ایران

با خاک خوب و خونینم ...

با قلب و جسم و روان له شده ام

با گذشته تباه شده ملتم چه باید بکنم....؟

و آینده را چگونه باید و می توانم بسازم....؟

***

و اکنون چه سود از این سروده ها ....

نوشته ها......و ناله ها ....

آیا تمام ، جهل و پوچی و خرافه

و نادانی ها رنگ خواهد باخت ؟

آیا آن نام ، آن هستی بخش؛

استغاثه و فریاد ما را خواهد شنید ؟

آیا ...؟ آیا...... آیا....... ؟؟

آیا انسانیت ...، عدالت و آزادی ....

پیروز خواهد شد ؟؟

آیا ...... آیا..... آیا . . . . .

امیدوارم چنین باشد و چنین شود

ایمان دارم که بزودی چنین خواهد شد

LA -5 جولای 2017

فهرست اشعار اجتماعی

عنوان	صفحه
۱-سرزمین های گوناگون من	۹۲
۲-و ....هزار توی هستی	۹۵
۳-عدالت، آزادی؛ داوری	۹۹
۴-حلقه های چرخان	۱۰۲
۵-شعر دو شهر	۱۰۷
۶-سکوت سیاه خداوندان	۱۱۰
۷-ابرها	۱۱۴
۸-دیوانه ای در رویایی بازگونه	۱۱۵
۹-بهشت زمینی	۱۱۸
۱۰-بوی تاریک خزان	۱۲۰
۱۱-در این شب سیاهم	۱۲۱
۱۲-رد پای زندگی	۱۲۳
۱۳- تلألو و تمنا	۱۲۴
۱۴-صید یا صیاد	۱۲۵
۱۵- تکرار	۱۲۶
۱۶-شرح شکن زلف خم اندر خم پائیز	۱۲۷
۱۷-ترانه ناودان	۱۲۸
۱۸-در هوس سیمرغ و کیمیا	۱۲۹
۱۹-تهی از آفتاب	۱۳۰
۲۰- بارقه زندگی	۱۳۱
۲۱-خاک شکسته	۱۳۲
۲۲-دارها و دیدارها	۱۳۳
۲۳-روزها و روزن ها	۱۳۴
۲۴- بگذار تا بگریم	۱۳۵
۲۵-جنین جهان	۱۳۶
۲۶- خیال خفته	۱۳۷
۲۷- توهم	۱۳۸
۲۸-خراب باده ی لعل رویاها	۱۳۹
۲۹-با بالهای باخته	۱۴۰
۳۰-مرثیه ای در رثای استاد، دکتر نصرت الله ضیایی	۱۴۱
۳۱- چکامه ای در رثای استاد هوشنگ سیحون	۱۴۴

91

سرزمین های گوناگون من

آه .....سرزمین های گوناگون من
چگونه می توانم لحظه ای از یاد شمایان غافل باشم.....؟
حتی نمیدانم...... ابتدا از کدامین شمایان بنویسم.
از زیستگاهم....... زادگاه نوادگانم... .از آمریکا...
یا از زادگاهم.....سرزمین مادریم.........ایران...
و یا از خاستگاه قبیله و تبارم....سرزمین پدری ام ...<u>اسرائیل...</u>

آه سرزمین های گوناگون من...چگونه از شمایان سخن بگویم یا بسرایم ...؟
باید ازریشه ها ،... از گذشته ها...... از اولین روزها.......... آغاز کنم.
***

باید ابتدا از سرزمین پدریم بگویم ... از اسرائیل ...
<u>زادگاه و مدفن نیاکان اولیه من... مهد پیدایی تورات مقدس...کتاب کتابها</u>
رستنگاه ریشه های فرهنگ یهودی من ...   پایتخت داود و سلیمان
و جایگاه نمادین اولین خانهٔ خالق یگانه هستی..........
سرایشگاه ، غزل غزلهای سلیمان
سرزمین آغشته و غرقه در خونهای به خاک ریخته نیاکان
در طول قرون و سالیان
زمین آغاز پراکندگی
و یهودیان چونان برگان رها در طوفان
و بالاخره پس از 20 قرن
آغاز رویش دوباره رایحه رهایی ..... آزادی
و تجدید روزهای آزادی و بالندگی
آری "خاک بالندگی"   خادم ترین تمدن دنیا به بشریت
اما سرزمین و قبیله ای،همواره آماج حمله و هجوم و غارت ودربدری ..
آه....... ای سرزمین پدریم؛... <u>خاستگاه قبیله ام...</u>
<u>چگونه میتوانم ...همواره به تو نیندیشم ....؟</u>
***

و آنگاه گذری می کنم به سرزمین مادریم...زادگاهم ... **خاک پاک ایران**
مأمن اجداد رانده از خانه پدری ،... آواره ... و سرگردان من ...
سرزمین کورش بزرگ...
اولین پیام آور حقوق بشر
زادگاه و مدفن پدرم.... مادرم ....و نیاکانم
آه .... سرزمین روزها و رویاها و آرزوهای من
جایگاه بازی های کودکی و خاطرات جوانی من
زادگاه فرزندانم و سرزمین سرافرازی و بالندگی دودمانم
آه ....در این ایام غرقه در دگرگونی
و روزگار تهی از شادی و آزادی
دراین غربت و سرگردانی و بی سامانی و سرگرانی های وطنم...
چگونه....... همواره به تو نیندیشم...؟
***

واینک این سرزمین آخرین .... **سکونتگاه من... آمریکا**
سرزمین زادگاه نوادگان من
تبعیدگاه اختیاری یا اجباری من
چگونه می توانم ترا....نادیده بگیرم؟
زیستگاه امروز من و خانواده من
و شاید .... مدفن همیشگی من
آه، سکونت گاهم .... خانه ی آخرین من...
چگونه می توانم لحظه ای به تو نیندیشم....؟
***

و در این زمانه ی سخت ، بیرحم، باژگونه
سرزمین پدریم در تهدید هجوم.........
و نابودی توسط حاکمان زادگاهم ....
و هم چنین سرزمین مادریم ، در معرض حمله و خطر
من چگونه می توانم فقط نظاره گر باشم؟
من چه میتوانم کرد...؟
***

93

آه....... کاش ..... حکیمان ....حاکمان بودند
کاش...... حاکمان......شاعران بودند
کاش... جنگاوران..... عاشقان بودند
و به جای بمب از آسمان ...... عشق می بارید
های سرزمین های گوناگون من ، .....
چگونه میتوانم میان شما تمایز بگذارم ....؟
هریک از شما گوشه ای از زندگی،
قسمتی از هستی مرا....آفریده اید
گذشته....، اکنون ....و آینده مرا و خانواده مرا ساخته اید و می سازید
چگونه می توانم یکی از شمایان را
بیشتر یا کمتر از دیگری دوست داشته باشم؟
***
آه.... کاش ... کینه ای در میان انسانها نبود
و سرزمین ها بی مرز بودند
و از آسمان فقط عشق می بارید
و در قلب ها فقط....
مهر می رویید
و آن زمان....
چه زیبا...... چه رویایی...... و چه آسان
تمامی سرزمین ها.... تمامی جهان بی مرز
همگی سرزمین ما بودند
و ما همگی ....باهم.... یگانه بودیم
***
آه سرزمین های گوناگون و سه گانه من ...
ای پاره هایی از جهان هستی
هر سه شمایان را از صمیم قلب می ستایم
چگونه می توانم لحظه ای از یاد شمایان
و بالاتر و برتر،....
ازیاد تمامی سرزمین های سراسر گیتی
واز یاد تمامی انسان های جهان غافل باشم ؟

لوس آنجلس – سپتامبر 2013

و... هزار......

توی......

هستی

تمامی این سروده...خطاب به کل هستی..در ستایش زندگی و صلح و تحسین انسان است ...انسان جهانشمول و انسانهایی از هرملت یا قوم وقبیله در تلاش برای پیشرفت؛ آزادی و اعتلای بشریت و در چند مصرع چشم به فرهنگ ایرانی یهودی دارد.

این سروده دادنامه مردم مظلوم در مقابل ستم و کشتارظالمان است و در ستایش از همه فرهنگ های بالنده تمدن های گوناگون بشری است.

هلا.. ای زندگی .. ای صلح .. ای هستی ..
فراتر از جنگ...نابودی...نیستی...
هرچند هرگز ندانستم براستی چیستی!!
اما ، هر چه هستی....
تا هستم ....همواره تو را می سرایم می ستایم،... با تو می مانم
با تو می مانم ..... در هزار توی غم و غبار
در هزار لایِ فصول سرد غربت
ای محکوم بی زمان حرمان و هجرت و هجران
ای وارث خونین تخت گاه آسمان[1]
باریشه هایت[2] روییده در طبقی از خاک خونین
برفراز بلندی های غربت و جدایی
ای هستی.... ترا می جویم
ترا می خوانم درباغ های یاس و لحظه های یأس ،
در امید ها و نومیدی ها....در سیلاب ها و تندرها
در کدورت برکه های متروک
در شادیِ عشق های پر شور

1- تخت گاه آسمان ... کنگره عرش – جایگاه فرشتگان .....(غزل 37 حافظ)..
2-" ریشه ها" در تمام این سروده اشاره به ریشه ها و مواریث و سنت های اقوام گوناگون جهان و ایران به ویژه قوم یهود دارد که قوی ترین عامل پایداری ما در طول تاریخ سه هزار ساله علی رغم تمام زجرها و کشتارهاست.

ای عاصی اعصار سرگردانی
با غرور سپری شده باستانی
ای جویندۀ مفاهیم پیچیده ی
زندگانی
با ریشه هایت روییده در طبقی از خاک سرخ[3]
بر فراز بلندی های گالوت[4] و جدایی

***

وینک ترا می جویم .... ای راستین ، انسان
ای رهیده از دام دشمنانِ عشق و مهر ،...
.... گُل ها وگلزارها
در طول سد ه ها و هزاره ها
ای رسته از کشتارها [5]...اردوگاهها... مین ها[6] و بمب ها[7]، انفجارها[8]

با چشمی نم ؛ پرغم ،..... با چشمی خیس، پر خون
وخونابه ای فروچکیده ، خشکیده، بر رخسارم ؛
با شانه های زخمی و خمیده ...... قلب های دریده،
و با سر و دست و ساق های شکسته ،
و با رؤیاهای پریشان و آرزوهای درهم ریخته

3- " خاک سرخ" دریک رویه به مفهوم خاک خونین است که اکنون تقریبا در سراسر جهان به ویژه افریقا و خاور میانه جاریست و در رویه دیگر بنابر اشارات در کتب یهودی بویژه ...."میدراش و غیره ...سهم عمده ای از خاکی است که انسان از آن ساخته شده است و نیز خاک سرخ بنا بر روایت کبالا علامت نظارت و قضاوت دائمی خداوند برانسان است .. و ....موارد بسیار دیگر

4- گالوت در زبان عبری به معنی غربت است ... و در این مصرع اشاره به ریشه های فرهنگی اقوام مختلف گرفتار مصیبت های غربت دارد که هنوز هم بعد از هزاران سال سنت ها؛ حافظ هویت اقوام وانسان ها میباشد.

5- اشاره به کشتارها و نسل کشی های فراوان از انسان دارد.. از چنگیز و تیمور گرفته تا کشتار ارامنه ؛ تا هالوکاست یهودیان و کولی ها ؛ تا امروزه ،...کشتارهای مسیحیان از مسلمانان در بوسنی یا اکنون در افریقا کشتار سیاهان و غیره و غیره ....

6- اشاره به مین هایی است که از جنگ های جهانی و محلی، هنوز بعد از دهه ها؛از انسان ها کشتار می کند .حتی در برلین ... در ایران ... و دیگر نقاط دنیا........

7- اشاره به بمباران های ویرانگر اروپا... و به خصوص ... هیروشیما و ناکازاکی ژاپن دارد.

8- اشاره به بمب ها و انسانهای انفجاری دارند ... که اکنون در سراسر جهان به کشتار انسانها و به ویژه کودکان وجوانان بی گناه اقدام می کنند... از قبیل امریکای جنوبی –اروپا – خاورمیانه و ... غیره...

در اعماق ناپیدای افسون و افسانه ها[9]
افسانه های پر از راز هستی .....
سرشار از فراز و پستی
با کفچه ای از خاک وطن در کف
و صندوقِ عهدی[10] برای تمام فصول
با ریشه هایت روییده در طبقی از خاکی خونین
بر فراز بلندی های غربت و جدایی

***

هلا ...ای زندگی ...ای صلح... ای هستی
ای انسان والا
ترا می خوانم ، ترا می جویم
ترا مییابم و با تو می مانم
ای عابر دریاهای شکافته[11]
و ای تماشاگر ابرهای گداخته[12]
و کوههای لرزان و آویخته [12]
و ای زنجیر تمدن انسانی [13]
ای پای بند بهارانِ[14] اسیر زمهریر
ای هماره روان در پی رایحه یِ رهایی
با کفچه ای از خاک وطن در کف

9- اشاره به افسانه های قومی و مذهبی دارد... که گاه بجای ایجاد مهر و محبت بین انسانها ؛ متاسفانه ؛ باعث جدایی اقوام و ایجاد نفرت و دشمنی می شود

.10- صندوق عهد ...عنوان صندوق حامل الواح ده فرمان و به روایتی نوید پایداری و امید پیروزی فرهنگی قوم یهود است

.11- اشاره به شکافته شدن دریا برای عبور بردگان آزاد شده یهودی از اسارت مصریان است

.12- کوه های آویخته و وارون ... و ابرهای گداخته ... اشاره به وقایع ... " زمان نزول ده فرمان " دارد

13- عبارتی است از " ویل دورانت " تاریخ تمدن نویس بزرگ امریکا در کتاب ارزنده "تاریخ تمدن " که روایت مستند تاریخ تمدن جهان است ؛ خطاب به یهودیان و یهودیت ... که آنان را به مثابه" معتبرترین زنجبر، ارتباط تمدن انسانی" در اقصی نقاط جهان میداند.

14- اشاره به بهارانی دارد که تبدیل به خزان و زمستان شد مانند بهار آزادی ایران1357 شمسی یا بهارعربی

***

هلا ای هستی ... ای انسان راستین

با تمام دربدری هایم . . .

سرگردانی ها و خستگی هایم

اینک به تو می بالم . . . .

و پایداریت را می ستایم

. . . . که ققنوس وار . . .

همواره از میان خاکستر خود

. .. سر بر آورده ای . . .

و بسیار هم فراتر رفته ای

آری...آری... به تو می بالم

و با تو ...می مانم... تا آخرین دَم

رهایت نمی کنم... و با تو می آیم

ای همواره در جستجوی ....صلح و رهایی

ای پیام آورِ آزادی

با ریشه هایمان،

سنت های سبز و سرشارمان

روییده در طبقی از خاک سرخ و خونین سرزمینمان

بر فراز بلندی های تلخ غربت و گالوت و جدایی....

لوس آنجلس - نوامبر 2014

عدالت ؛ آزادی ؛ داوری

قلبم را با اندیشه ام در میان می گذارم
اندیشه ام..... در خون
و قلبم با اندیشیدن
و من در اشک
هرسه باهم منفجر می شویم ....
هرچند ؛ هر کدام ...... در یک لبه تیغ تیز زندگی می ستیزیم

اما ، تو بگو بامن.. کدامین .. آزادی ؟..عدالت ؟.. داور یا داوری؟؟
***
قلبم را با اندیشه ام در میان می گذارم
... وموزیک کولیان هم چنان می نوازد .... Black Eyes
چشمان سیاه .... و مرا از یاد مبر .... و باد هم چنان می وزد
***
می اندیشم ....
ازکدام داور عادل یگانه سخن می گویم ...؟
اما ، نه ..؛ نه ، حاکم برکل هستی و آفرینش
بل داور بر این ذره ناچیز کهکشان، این کره کوچک ، زمین
در سویی سفره ای رنگین و پرتنعم
و در دیگر سو؛ سفره ای از خاک خونین آلوده با جنون
در گوشه ای ، آزادی ... درختی سر به فلک کشیده است
پهناور ... سایه گستر... و پرثمر
یا اقیانوسی است .. موجاموج .. سرشار عشق و زندگی
و در کنجی .. آزادی ، بوته ایست سوخته ...... بدون امید رویش
و یا مرداب و باطلاقی است در انتظار تابش و میرش

***

در طرفی ؛ عریانی و برهنگی بانوان و دختران
پسندیده مطلوب و ستودنی ...
و در طرفی دیگر ...... حتی برهنگی صورت و گشاده رویی
ممنوع و مستوجب مرگ و شلاق

در فضایی .... بهشت ... در همین جهان در دسترس همگان
و در نقطه دیگری از همین زمین .. بهشت ؛ فقط رویایی آسمانی است
که در راه آن رویای موهوم ... باید جان فدا کرد....
در طریقی عشق؛ در تمامی جلوه ها.....   آزاد ؛ پرستیدنی ...... با ارزش
و در طریقی دیگر .... عشق حتی در جلوه
نگاه ، تماس دستان ......
مستحق زندان ، شلاق و سنگسار

***

از کدام برابری و عدالت ؛ سخن می گویم....؟
عدالت و آزادی حاکم بر قانون جنگل !!!
از کدامین عدالت ؛ برابری و آزادی سخن میگویم ؟
در گوشه ای طفلی ... در میان پرهای قو ؛ در کاخ افسانه ای
و در آغوش حوریان چشم می گشاید ...
و در گوشه ای دیگر ... نوزادی
در جوی لجن ... در مغاکی خون آلوده !!!
در گرسنگی مطلق .... محکوم به مرگ ؛ از لحظه تولد.!!
در دیاری آزادی بالنسبه مطلق، نور ماهتابی است
برای شبهای تیره تو

و در دیاری دیگر .... آزادی سخن پوچی است...
خورشیدی خفته در مرگزار
حتی در کنج لانه و خانه های اختیاری خود !

***

آه ..... قلبم ...... اندیشه ام ......
جسمم ...... روح و روانم
بیهوده منفجر نشدید ... !!!

آه ....
دریغا..... دریغ .....
عدالت ؛ افسانه ای باطل ، داوری ، واژه ای خیالی، و......
آزادی ، کلامی بی معنی و بی ریشه !

و من ، به چه می اندیشم ... ؟
از کدام داورِ مهربان
و داوری عادلانه سخن می گویم...

دریغا..... داور عادل !
دریغا..... عدالت راستین !

لوس آنجلس 03/10/2019

حلقه های چرخان

و حلقه ها.... هم چنان می چرخند

و من....

هم چنان اندیشناک و مبهوت برجای می مانم

خیره بر آبشار نخ های نور

ریزان از روزن های جهان

روزنی ناپیدا

آسمانی ناپیدا

مداری ناپیدا

و زمینی سیاه پوش که برمدار ناپیدای وهم و حیرت هم چنان می چَرخَد...

چونان گِلی سرخ در جعد گیسوان سیاه و سپید جهان

مدهوش و مقهور جهل و جنون خویش

بی هدفی .... بی تلاشی، بی آرزویی

بی که رسیدنی... بی که وصالی

بی که شدنی

یا که پایانی

حلقه ها و چرخ ها

چرخ ها و چرخنده ها

حلقه ها و حلقه به گوش ها

دنده ها و دندانه ها

همه ، هم چنان می چرخند ، می گردند

بر گرد زمینی که دیگر آسمانیش پیدا نیست

و من نیز بی اختیار،هم چنان چرخان، اما حیران، ایستا بر جای می مانم
خیره بر نخ های جاری آویخته از روزنی که ما را از ورای آن می چرخانند
این سوی، نخی آویخته از حلقه ی پستانکی ازلی
و سویی دیگر، نخی دیگر آویخته از حلقه ی پیوند مهر و ماه
ونخ آخرین ، آویخته از حلقه ی گُلی بر گور
نخ هایی از گهواره تا گور
که تاب می دهند این ننوی ناپیدای آسمانی را
در گردبادی از چرخش عقرب ها و عقربه ها
چونان اندیشه ها و سرنوشتی پُرخرافه، رها درطوفان و گردباد

و من هم چنان محصور در مداری از دندانه های پولادین
برای فتح قله های آرزوها، و قلعه های اوهام موعود موهوم
می چرخم و می گردم و تلاش می کنم
تا مرز تلاشی ، تا مرز جنونی کور

تلاشی برای فتح مرزهای سبزفردا ها..، آبی و روشن آرزوها
دریغا.....دریغ

***
و من......
از زمانی که به یاد می آورم
بی وقفه .... بی درنگ
هم چنان می گردم و می چرخم
و می چرخم بر مدار اسبان عصاری
با چرخشی بی انجام ، تلاشی بی فرجام
با سرگیجه ای سیاه در هر مکان و لامکان
تا دوار تمام یاخته ها ،. . . اتم ها . . . و سلول های جسم و ذهنم

بر مداری ناگزیر ، بی آغاز و بی پایان
به سان سنگ کهنه ی آسیاب
بی که ، دانۀ گندمی ، یا شعاع نوری
بی که در جام آرزوهایم شهدی ،
یا که در جانم شوری یا که سُکری

حلقه ها و چرخ ها ، هم چنان می چرخند
و من درحسرت پایان چرخش های بیهوده،
و اتمام احساس دردها و حیرت ها
باقی ماندن دندان ها و دنده هایم را
هم زمان درهم شکستن استخوان هایم
در میان دندانه هایی که مدام گِردِ من می گردند ، نظاره می کنم
و به گونه ی پَرگاری به قطر اَبدیت می چرخم و می گردم

محصور و محاط
در مدارات نورانی و پراز شادی ، یا تیره وخاموش و درد آلود
چرخه های زرین یا کدر
وبا حلقه های اوهام موعود موهوم
همه چرخان ، گردان ... در گرداگرد من و زمان و جهان
بی آغاز و بی پایان

و همه می چرخیم و می گردیم ، دیوانه وار و بی قرار
چونان فلاخن های بی اختیار

***

دریغا ، .... دریغ
که هرگز نمی رسیم
نه به قله های سبزینه پوش در میان برف و باد
و   نه به یکدیگر
و نه به حلقه دستانی که همچنان در انتظار پیوستن به هم در مانده اند
و نه حتی به خویشتن خویش هرگز نمی رسند

و پس از آن همه چرخش
به گاه دیدار نیز
آنچنان گیج و آسیمه سر و هراسانیم
که هرگز یکدیگر را، نمی بینیم .... و در نمی یابیم
و لاجرم با سکوت و حسرت،... و بی خبر ازکنار هم می گذریم
و حباب گونه از پوچ پُر می شویم
و به اوج پَر می کشیم ... و از هستی؛ از بودن در می گذریم

به گونه ی گرد بادی که از دل خاک،
تا فراز افلاک می چرخد و پَر می کشد
شبیه خورشید ، به گونه ی گل آفتابگردان
چونان زمین ، به سان آسمان
در چرخشی نگران ، حیران، لرزان، ترسان و گریزان
و درچرخشی دیگر ، رقصان و خندان و خرامان
پای کوبان ، شادان ؛
اما باز هم ایستا و ایستاده ، برجای می مانیم

و همچنان چرخان باز هم می چرخیم و می گردیم
تا ابد.... تا پایان توان ، تا ناکجا آباد جهان
تا مرگ ...... تا بی نهایت نیستی تا انتهای هستی
و هم چنان ، چرخان چرخان،

نبض ها ، قلب ها ، می زنند ، می تپند و باز می مانند
اما انسان و آسمان ، ستارگان و سیارات
گل و گلدان ؛ ماه و خورشید
حلقه ها ، چرخ ها ، هم چنان می چرخند و باز نمی مانند
همه می چرخیم ؛ میگردیم ،
در پی عشق، به جستجوی هم ، به دنبال مهر گمشده
در مداری بی انجام و بی فرجام؛ همه می گردیم
به دنبال عشق ، در پی انسان راستین

و من، بی تأمل ، بی اختیار... درجستجوی تو .. یگانه ام
هم چنان؛ بازهم می چرخم و می گردم .

لوس آنجلس - ژانویه 2014
شعر اولیه تهران اسفند   1372 – بازنویسی آذر 1392

شعر دو شهر* : تهران ، لوس آنجلس

به مجید نفیسی

زادگاه من : ...... تهران، شهر کوچه باغ هایکال کودکی،شهر خیالات خام جوانی

شهر خیابان پهلوی با درختان چنار و جوی هایش، پیاده روهای پهن ،

و دربند و تجریش با سیخ های کباب، جگر و دل و قلوه،

و تخت های جای گرفته در کف رودخانه دربند و آب جاری در زیر تخت ،

کشتارگاه اوین .. محبس نُه ماه من

و تئاتر شهر و تالار رودکی و صدها خاطره دیگر.....

بازار تهران و رایحه عطریات جادویی و اثیری آن و دیگر و دیگر....

و زیستگاه من : لوس آنجلس ... شهر خوابهای سرخ ، سراب سربین ...

عشقهای تند خفته به خاموشی ....جوانان در هم شکسته و پیران جوان نما

بوریتو ... ... پیتزا... و میگو...... و استیک هاوس...

StakeHouse,… Shrimp..... Pizza...Burrito

شهر پندارها و رویاهای هزاران رنگ ..... همه دور از بیداری ...

ناوک کاخ ها تا بلندای خسته سقف خموده آسمان بی ابر

و بی خانمان ها در قعر یخین چاله ها... اما محاط در چادرهای رنگین...

---

*داستان دو شهر از چارلز دیکنز

شهرهای من : ... شهرهای آبگینه و سنگ ها ... سایه های مِهر ؛ مُهره های مار
شهر بی نهایت ها ... معابد عظیم ؛ انبوه دیوانه خانه ها ......
کنیسه ها و کلیساهای عقیم ...
کاباره های عریان ، پیشگام عذاب .. ... کازینوهای لبالب ماسک و نقاب ..
زنان چادری با روسری در ساحل ها،
دختران و بانوان برهنه در عبادت گاه ها و خیابان ها
شهرهایی نیمش امید .. و نیمش بیم ... تارش سنگ... ، پودش سیم

تهران : ..... شهر زاغه هایی با خشتی خام .... خشتی وام......
برونش غم .....درونش شاد ....

لوس آنجلس : .... با ویلاهایی با خشتی نام ..... خشتی کام ...
درونش عصیان اَلَکی خوش ها و بی خیالی .....
برونش شادی، بی غم خواری ...

زادگاه من ... : **تهران** .... هولناک دامی پنهان ... بر دامان خمیده ... و تلخ تاریخ
زیستگاهم : ... زخمی گشوده در دل جهان جوشان ... شهر انسان های وحشی ...
آشنایان بی رحم و بیگانه باهم
با پوستی پر آبله .. تنی چرکین .....
نیمی عشق ... نیمی کین...

شهرهای من .... شهرهای شطرنجی با حفره های سپید یا سیاه ...

شهر استحاله آدمیان به مُهره گان .... به شاه ، به وزیر ، اسبان ؛ پیاده گان ؛

شهر سپیدان ؛ سرخان ، سیاهان ؛ دوزیستان ؛

فیل ها ... افلیج ها .. همگان ......،

هرکدام در مسیر و نقش خاص ... هریک به جای خود،

چشم به حکم و گوش بفرمان

شهرهای من ؛ شهرهایی با جادوی مسخ ؛

مسخ گل ها و درختان به کاغذها وپلاستیک

خالق قهر و عشق های اندوهگین ... یخ های آتشین .. دروغین

خدایِ لبخندهای ویران .. ؛ اعتیاد ، عصیان ......مأمن ؛ بی پناهان....

بی ترانه ی ابرها ..... بی ترنم قلب ها

دو شهر من ... دو بال پروازم

زادگاهم ..... و زیستگاهم ، آخرین خانه ام .....

دوستتان دارم .... با شما می مانم

اما .....؛ بگویید با من ....

من کدامین مُهره ی ناخواسته ام

جایگاه و حریم من کجاست ....؟

دسامبر 1999 ...... وودلند هیلز ... امریکا

سکوت سیاه خداوندان

(با الهام و قسمتی ازیک شعر بلند)
بمناسبت روز جهانی هالوکاست
و آنچه بر بیش از 50 میلیون انسان بیگناه رفت

هرزمان که از ستم های زمین و آسمان ؛ **به انسان**

توسط **آن** ؛ نامیده به ده ها و شاید.. صدها .. نام ؛

به نام های .... خداوند .... و الله .... و ادونای *.... و گاد*
دلتنگ می شوم ......
و سیلاب غم و درد گرسنگی آنان ؛
بی پناهی و بی خانمانی؛ فقیران و درماندگان جهان
ستون فقراتم را بلرزه در می آورد و درهم می شکند
چشمانم را می بندم
و می اندیشم به تاریخ و به آن چه برما انسان ها گذشت
و آنچه انسان ها ؛ خود با خود کردند
می اندیشم..... به نیاکانم.... به فرزندانم
و به رنج های هزاران سال مردمان جهان
و به چرخش پرنشیب و فراز.....
و تکرار هزار بارۀ تاریخ

---

* ادونای .... یکی از القاب خداوند در آیین یهود
* گاد .... یکی از القاب خداوند در زبان انگیسی

زمان، زمان فرود شلاق بر بدن بندگان ..،. و خدایی فرعون بود
بدست بابلیان بود....، زمان تخریب خانه خدا.... معبد سلیمان
زمان .... لحظهٔ اسارت انسان بدست سپاهیان روم و یونان بود
زمانِ تسلیم اسیران، به پنجه های وحشی
و دندان های شیران گرسنه و درنده بود

لحظه ی احساس فنا و نیستی

در اوج موفقیت و هستی

لحظهٔ به آتش کشیدن تخت جمشید بود

لحظه هجوم تیمور و چنگیز و اعراب

به خاک وطن بود

و زمان سقوط امپراطوری ایران باستان

***

لحظهٔ این دم بودن...،   و دیگر دم نبودن ....

... و خورشید به تباهی لحظهٔ آلودن پاکی به پلیدی

در دامان مرداب بود .. ..لحظهٔ فرو افتادن آفتاب

لحظهٔ فروریختن انسان.....

و درهم شکستن انسانیت بود

لحظه ی سوختن انسان به گناه مذهب ، بود
و لحظه ی فرو مردن چراغ زندگی....
در اسارت و بندگی بود
و هم اکنون لحظه ی انفجار بمب های انتحاری...
در چهار گوشه جهان
لحظه ی کشتار و تیرباران و سنگساران است
وتکرار.... تکه تکه شدن انسان مسلمان و مسیحی و یهودی است
بر سر سفره سنت "سِدِر پسح" *...، یا .... سرسفره "عید فطر"
یا در آسمان ، یا در بالایِ بامِ مدرسه است
یا درحال عبادت در مسجد ؛ کلیسا یا کنیسا
هرگز، هیچ گونه فرق و تفاوتی نمی کند
***
نمی دانم ، نمی دانم....، دیگر هیچ بیاد نمی آورم

در آن لحظات غم و تاریک، .. زمان چه نام داشت ؟
...، یکی از لحظات سیاهِ سکوتِ سربی فقط می دانم ، آن لحظات
و سنگین و تلخ خداوند ؛ یا الله یا ادونای بود

---

*سِدِر پسح .... جشن عید آزادی یهودیانPassover...

***
آری ...آری... اکنون نیز ، زمان
... هم سان همان زمان هاست

اما دیگر زمان سکوت و تسلیم انسان ها نیست
اکنون دیگر ،زمان مبارزه و بر پا ایستادن است

زمان خروش و غریدن ما
زمان فریاد دفاع و جنگیدن است
لحظه طنین غرش ملت هاست
در هزار گوشه جهان
برای آزادی و آزادگی تمام انسان هاست
برای تمام لحظه های تاریخ

که آزادی ، پایدار بماند
ومیش در کنار گرگ زندگی کند
و محبت ، جای نفرت نشیند

و صلح و برادری جاودانه شود ......
تا ابدالاباد تا پایان جهان

لس آنجلس 12/28/2018

ابرها

ابرم . . .

مقاوم و ایستاده و استوار در مقابل....

و در رویارویی با خورشید

و با توانایی سدِ راهِ آفتاب

دریغا..........

با اندک نسیم عشق

از هم می گسلم

چو حباب روی آب

لوس آنجلس 2019

دیوانه ای در رؤیایی واژگونه

تقدیم به استادارجمند زنده یاد دکتر نصرت الله ضیائی

شکوفه های سرخ و داغ عشق
هنوز هم در شکوه شب و رایحه ی رود و مِهرِ ماه
از تمام یاخته های تنم جوانه میزنند

***

نمیدانم.. آیا رؤیا های نوجوانی ام روشن و رها،
در هاله‌یِ ماه روییده بودند...؟
واکنون بی چهره و تاریک ؛ درهم آمیخته
و به امواج خروشان رود فرو ریخته اند ..؟
یا رؤیاهایم درجوانی جرقه ای ، خیالی ، تصویری بودند، درون حباب ..؟
و اکنون رها و روشن شده اند چون آفتاب ..؟

اینک هشیارم و بیدار..؟.، یا خفته و درخواب......؟
در آستان سراب
نمیدانم...آیا ماه ....درجریان ریختن رود ،
در گرداب غرقه شده است...؟
یا من در میانه ی راهِ مهر وماه و گور... گم شده ام ..؟

آیا گریه‌یِ زادن و راه گور در گلوگاه من گیر کرده اند.....؟
نمیدانم....کجا گرفتار شده ام ...؟

آیا راه وَ رود در پایان به من رسیده اند...؟
یا در آن سوی رودِ[1] مرموز و پُر راز زندگی
... راه جادویی دیگری وجود دارد...؟
یا راه و ماه و من وَ مهر و رود در هم آمیخته ایم ؟
و همگی همراه سیلاب به قعر مرداب فرورفته ایم..؟

1- در فرهنگ قبطی (مصریان قدیم) آن سوی رود اشاره به دنیای دیگر دارد.

شکوفه های سرخ و داغ عشق

باز هم در شکوه شب و رایحه رود و رویای مهر و ماه
از تمام یاخته های تنم هنوز هم جوانه میزنند
و من نمیدانم .... آیا تمام تنم خشک وخرد و خاک شده است....؟
که هنوز هم، آغوشم،
رستنگاه جوانه های عشق است .....؟
یا دگرگون.....و باژگون
تازه ریشه ها و جوانه های نو زده ام.....
و زندگی را با تولدی دوباره و رنگین ...از سر گرفته ام...؟
واکنون رؤیاهای رنگارنگ تازه ای ،
طراوت خیال های بکر و نو را
با خاطره های دیر و دور درخاطرم در هم می آمیزند ...

***

سایه هایی در صدایم ..... نجواهایی در چشمانم ...
خلل هایی در خیالم..
و جاری، شط آتش درقلم و قلبم ...
و زمزمه های موزون در زمان و زمینم
بدن هایی که درشکوه شب ،
و درمهر ماه در هم می آمیزند..
و باهم در روان رود گره میخورند

ارواحی که از زبانه های آتش می رویند....
و در سایه روشن سرابِ عشق محو می شوند

***

بوی ساقه های تازه یاس..
با رایحه مورچگان مرده ..
در من و ماه در هم آمیخته است...

بدون آنکه سربچرخانم .. با چشمان بسته..
همه جا ..و همه کس را
در روان درخشان رود می بینم... ودرنمی یابم.....

کوه ها و دریاها در من غوطه می خورند..
و جان و جهان با مهر و ماه
در من به اوج می رسند....
آه ...نمیدانم.... نمیدانم چگونه شد، رؤیاهایم و...
با باد رفتند و به خاک خفتند.....
و اکنون ، در نمی یابم ..
کجاست که..گرفتار آمده ام..؟
بهشت است یا دوزخ ...؟
یا هردو باهم ، در من و عشق ، درهم آمیخته اند...؟
......هیچ نمیدانم ...
نمیدانم رویاهایم چگونه به خاک خفت
و من اکنون سرزمینم را بدون سر و بدون زمین
در دستانم می گیرم و می گریم...
آه ... چگونه شد .... که خاک خشکید ؟
رودها دود ؛ دریاها کُود
و عاشقان ؛ همه آواره و دربدر و گور به گور شدند
آه ...چگونه شد .... نمیدانم ... چگونه شد ؛ نمیدانم
آه ...رویاهایم ... آرزوهایم ....؟ نمیدانم ... نمیدانم....
فقط می دانم....
در میانهٔ رؤیا و جنون
شکوفه های سرخ و داغ عشق
هنوز هم از تمام یاخته های تنم جوانه میزنند....

ساحل مالیبو - امریکا 08/29/2014

بهشت زمینی

مِه و ماه و منظره

تمامی تنهایی، اندیشه ام را فرا گرفته است
در ایوان نشسته ام.....
باران متفاوتی می بارد ...
لحظه هایی ؛ بسیار ریز و نرم و آرام
و دقایقی دیرتر .... چونان سیلاب
گویا ...شیر آب فشار قوی آتش نشانی را گشوده اند

آهنگ روح افزای ضربان قطرات باران بر برگها
در موسیقی پیانوی " سونات مهتاب " بتهوون
باهم و درهم می آمیزند ....

منظره کوه و قله سرسبز سانتامونیکا و دره مه گرفته؛
همراه نوا و نمایش جلوه های دل انگیز نهر جاری
برای زمانی که بسیار سریع میگذرد...
و مرا ، از دردهای جهان بی سرانجام ، برای لحظاتی کوتاه جدا می کند...
فقط احتیاج به شنیدن صدای عزیزانم دارم......
تا این تصویر و تصور بهشت زمینی تکمیل شود ...
دو آهو....... دوان.....دوان
خیس در زیر باران
در جستجوی سایبان ....
از جلوی ایوان می گذرند.....

صدای رعدی سهمناک و غران
خبر از شدت باران می دهد ....
و مرا ازرویای بهشت زمینی دور می کند....

***

دوباره اندیشه ویرانی ایران....
پلشتی حاکمان......
بدبختی و جنون مردم جهان
بیماران ... .. اسیران زندان ....
فقیران ..... نومیدان ..... گرسنگان
افراد بی خانمان مانده در خیابان

کودکان کار در ایران .... کولبران دلیر کُرد. . .
آزادی خواهان .... و رنج های دیگران و دیگران.......
نا بسامانی انسان این دوران
دوباره اندیشه و رویای زیبایم را ویران می کند

اما خبر سلامتی دوست بسیارعزیزم
و رهایی وی از چنگال سرطان
این بیماری پر درد ؛ بی درمان
امید رهایی ایران ؛ وطن عزیزم را ؛ باز هم می رویاند
و دوباره می کشاند مرا.....باز هم به عالم بالا .. ، آسمان ؛ آسمان آزادی، ابرها ...؛ ابرها ... ؛ آزادی ؛ آزادی ... ، باران، باران

بل ایر 01/31/2019

بوی تاریک خزان

کاش می توانستم
برگ و باغ را بسرایم
و باران و رود را به ترانه و ترنم درآورم

کاش می توانستم
جهان و زمان را بسرایم
و زندگان و مردگان را به تلاش و تلاطم درآورم
کاش می توانستم
کاش می توانستم
دریغا ....
در اندوه خزان و برگ باران
یا در انبوه گلهای بهار و جهان زندگان
چگونه می توانم بی اندیشه یِ پایداری
و رویش صخره هایِ شکافته از عشق، چنین کنم؟

برگ و باغ ، ... باران و رود را بسرایم
و زمان و جهان را بستایم ...؟
دریغا .... دریغ......

تهران – ایران 70/10/22

در این شب سیاهم

ماهتاب تو بتاب

تو ببار بر پرده ها و پلیدی ها

بر بیهودگیها و پلشتی ها

***

دیگر کدام طلوع ؟

با تلنگری در هم شکسته ای

جام بلورین بی بر!

***

حبابواره ای الوان

اسیر اوهام

دلشاد به رنگین کمان

پوچ و گذران

***

دیگر در کدام خاکِ بی زلزال امن ... ؟

درسایه ساران عشق پرسه زدن

و به شعله یِ چشمی دل خوش داشتن ...؟

یا در حوالیِ توهمی شیرین و امید بخش ، پلکیدن

و روزنه ای در شب را

دروازه ای به روز پنداشتن ؟

آه ... آزادی ... آزادگی
بعد از تو دیگر کدام طلوع؟
کدام خاکِ آرام ؟
***
دیواری تابناک در آسمان
پناهِ تمامِ ابرهایِ بی سامان... پرندگان
ستارگان سرگردان
دریغا....
ویران، با اولین نسیم و سایه خشک اندیشی
***
ماهتاب طراوت و بینش
تو ببار ؛ تو بتاب
برهمه ی جهانِ اوهام
برجامِ مجوفِ جمجمه ها... حدقه های تهی از عشق
آه ....
میلاد و مرگ .... بینش راستین
دو لبه ی تیز تیغ هستی چنین
دریغا......
زلزال هایِ ناگزیر زندگی
و مرگِ آفتاب آزادی و آزادگی

تهران 74/10/1 ...... 71/10/30

ردپای زندگی

برف می بارد ....
برگستره دشت زندگی
برف می بارد .... یک دست و یک سان
بررنگ ها و بی رنگی ها ...
برف می بارد . . . بربلندی ها ، پستی ها و سختی ها ... ...
برف می بارد . . . . .
مرد هم چنان پیش میرود ... در فراز و نشیب راه
گاهی مصمم .... گاه مردد
گاه استوار . . . . . . گاهی خمیده و تکیده و لرزان
و در انتها . . . . به هنگام وداع
قبل از گذر از رود مرموز پر از راز
مرد سر میگرداند ... به باز پس می نگرد
اما ، برف را، یک دست و یک سان،
بی هیچ نشانی می بیند

***

دریغا ..... هیهات
بی اندک اثری از رد پای مرد
در راه بی بازگشت

بر گستره دشت زندگی
برف هم چنان می بارد............
برف می بارد.................
برف می بارد...........
برف می بارد............

وودلند هیلز – ژانویه 2010

تلالو و تمنا

سوسوی چراغی از دور
و در پیش روی
خیابان بی پایان
و هرچه پیش می روی
وسوسه چراغی دیگر
و سوسویِ دیگر
***
سالهاست روانه ام
بسوی آخرین چراغ
واپسین سوسو

دریغا....
مدام چراغی دیگر
سوسویی دیگر

تهران 72/11/17

صید یا صیاد (گزیده ای از یک شعر بلند)

مرد در کنار دریاچه

خیره .... بدون کمترین تکان

مانند تندیسی بی جان

ساعت هاست ایستاده است....

قلاب ماهیگیری در دست ....

سی دقیقه . . . چهل و پنج دقیقه

یک ساعت . . . دو ساعت

سه ساعت

ماهیگیر خیره به قلاب می نگرد ....

... در رویای صید ماهی

و من خیره به او ...

و می اندیشم ؛ .... به ماهیان و ماهیگیران

و کدام یک اسیر تور شده اند ؟

آیا ماهی اسیر قلاب شده است ؟... یا مرد ماهیگیر

کدام یک صید ... هستند

و کدام یک صیاد .. ..؟

04-25-2019 لوس آنجلس

تکرار

خط .. ..
تکرار نقطه ها
روز .. ..
تکرار لحظه ها
سیلاب .. ..
تکرار قطره ها
***
دریغا ....
زندگی . . . .
تکرار روزهای بی عشق

شرح شکن زلف خَم اندر خَم پائیز

برگ می بارد
آسمان آغشته به شاخه ی تندر
و آتش آذرخش
فصلی به فرجام ناگزیر ، نزدیکتر
برگ می رقصد
با چهره ای شاد
زرد ؛ سرخ ، قهوه ای
خندان از فکر رهایی
با رویای پرواز در بیکران
فارغ از اندیشه ی آغاز سرگردانی
و اسارت در باد

***

مرگ می بارد...! با نقابی کبود
بنفش ، خاکستری ، سیاه
برگ غوطه میخورد
در رایحه ی رهایی
انباشته در فضا
جهان می گرید و می موید ...
زرد ؛ سرخ ، قهوه ای
باران می بارد ...، بنفش ، خاکستری ، سیاه
در صورتک طوفان

***

باید پائیز رسیده باشد

پائیز 1369 تهران

ترانۀ ناودان

خزان ....
و نجوای جادویی و پنهان ناودان
چه می گوید....؟
می گرید...؟ می خندد...؟ یا فقط می بارد ...؟
چه می سراید .....؟

پائیز........
و نجوای پیوسته و جاودان ناودان
و زمزمه ریزش عشق بی پایان
بشنو .... لایزال و بی وقفه می سراید
خوشا .... ابر بودن و باریدن
رود بودن، جاری شدن و به دریا رسیدن
موج بودن و از پای نماندن
دریغا ......
خاکِ نیمه تاریک
جان های نیمه روشن .....

جون 2018 لوس آنجلس

در هوس سیمرغ و کیمیا

رعدی به شیشه یِ آسمان
و رعشه ای برتن خاک ... و بارش باران، بی پایان
هراسان ، مبهوت ، حیران... نگاه کردم
همه بود و هیچ نبود ... هیچ نبود و سرشاری بود

صورتی بود، بی چهره .. موجودی بود ، جادویی ... جاری
وهمی در فضا .... نوری در چشمه ؛... جانی سیال ... اثیری

قطره ای ، باران پاک در صدف
جنگلی در برگی ... قاصدکی رقصان در لامکان
رودی بی جریان... با هیاهوی آبهای بسیار ... دریایی پر از شادی،
کوهی معلق بر فراز جانهای خسته ... نقبی در دل کوهستان
آئینه ای رو به فرداهای سبز و آبی ، آفتابی . ستاره ای نوید آزادی
***
نیمه بیدار، نیمه هشیار
نگاه کردم ؛ بودی . . . ندیدم ... همه حضور بود
نوری بود جاری در جان
رایحه ی بهشتی، در چشمان
پروازی بی بال ....؛ طپنده ای بی نبض
توهمی یا حقیقتی ؟ ... هیچ نمیدانم

هشیار و بیدار....؛ بسیار ؛ نگاه کردم
خودی ندیدم

تهی از آفتاب

روز از روزنِ شب می دمد
سَراب از نهایت آفتاب

کوه از کناره ی دره می روید
دریا از کرانه ی ساحل

سپید و سیاه بهم در آمیخته
و پرده نفرت بر پنجره ی عشق آویخته

***

دریغا........   مهر ؛ .....
سرشار از اندوه

دریغا........   ماه ؛......

تهی از ماهتاب

و زندگی ....
گذران لحظه های بدون عشق

بارقه زندگی

چشمانت را می گشایی
و زندگی با فریادت طلوع می کند
چشمانت را به هم می زنی
و زندگانی در یک آن سپری می شود

عشق و هجران . . .
جهد و حرمان . . .
آمدن ، بودن ، ماندن ، سرودن

چشمانت را می بندی . . .
و زندگانی با سکونت غروب می کند.

1372 خورشیدی - تهران

خلک شکسته

آسمان شکسته است

و آئینه یِ اندیشه یِ من نیز

آسمان شکسته

چگونه می تواند خورشید را

بتاباند ؟

آئینه ی شکسته

چگونه می تواند

نقش آفرینش عشق را

بنمایاند ؟

دریغا ......

خورشید با آسمان بسته و شکسته

دریغا ......

عشق . . .

بی مجال جلوه گری

استانبول - 1974

دارها ... دیدار ها ...

در دیرها ....دور دست ها....
دارها... دیوارها و دیدار ها....

دارها و دیوار ها . . . .
سدی بر دیدار ها....
و دیدار ها... با خط قرمزی
بر دیوارها . . .. مرزی

***
آری به هر تدبیر و تقدیر....
و با هر خرد یا مدد....

باید.... دارها را فرو کوبید
باید دیوارها را فرو ریخت....
و از سد ها و بندها و مرزها باید گذشت

رمز زندگی راستین و راز زنده بودن ....
فقط . . . در دیدار هاست....
فقط در عشق .... باقی و جاری است

10/06/2015

روزها و روزن ها

روزنه های ریا کاری می رویند
بر روح ها
روزها
آرزوها
در افکار
و اندیشه ها
بر پرده ها ..... و پندارها
در افعال و در اعمال ..... و کردارها ....
در مهر... در خاک
بر زمین ؛ در سپهر

دریغا ..... با محو عشق
می رویند .... روزنه های ریا کاری
هم چنان ......، بر جهان ....

استانبول 1374 شمسی

بگذار تا بگریم

از پله ها
و پیاده رو ها
با پراکندگی
روانه با رویای زمانِ پرواز
تا سقوط
بر گرده مار
در شعله شب و شکست و شط سکوت

دریغا....
آدمیانی پراکنده
با رویای پرواز
پله ها و پیاده رو ها
و آرزوها
همگی بی انتها

استانبول – ترکیه ... 1374 شمسی

جنین جهان

با کدام واژه پایان می گیرم؟
با نگاه تو نطفه می بندم
از مهر تو جان می گیرم
در کلام تو ؛ کامل می شوم

این لحظه در کدام " آن " تاریخ تکرار خواهد شد؟
در کدام جهان ؛ زندگیِ بی هراس ، بارور خواهد شد؟
***
انسان این دوران
با نیم چهره ای کبودین، زنده ... ؛ نیم چهره ای شاد، چوبین
و انبوه صورتک های ملتمس ... عاشق ؛..... عاصی
که هر لحظه به رنگی در می آیند

در جستجوی وادی ایمن
با خورشید در خورجین ...، و ماه در مشت
و رویای جهان جنینی ...، براه می افتم

دریغا ....
در سرگردانی سرزمین های هراسان سرنگون می شوم

استانبول   1374 شمسی

خیل خفته

به ابرها می ماند
یا وهم
یا صخره ای شعله ور ؛ سوزان
لرزان با نسیم

می خروشد در خاطرم
می رقصد در چشمانم
خفته در خیالم
نهفته در جانم
چگونه می توانمش سرود؟

دریغا....
جسم و جانی خسته
نگاهی هم چنان تشنه
تخیلی ؛ خیالی، بر ابرهای خالی و شکسته
سال ها بی اثر، بی تحرک ، هم چنان خیره می ماند .

توهم

هلا ؛ ای انسان !!.... ای زن ....؛ ای مرد...

کدام یک ، یک کوه ....؟

و کدامین شما ، یک رود هستید ...؟

***

من می خواستم ....

کوهی ؛ سربلند ؛ صخره ای، سنگین

قله ای ؛ سرفراز ؛ سنگی و پولادین

با هستی پر غرور

و موجودیتی مفید و اثر گذار باشم

***

دریغا .... زمانه

از من خرده سنگ هایی بسیار ریز .....!!

شن هایی ، چونان ماسه های ساحلی رود خروشانی ساخت

و اکنون .... گم شده و شناورم ...

بی اثر ؛ بی وجود ؛ بی قرار ؛ بی غرور

غرقه در رود زمانه...

09/2/2018   قله کوه ....سانتا مونیکا

خراب بادۀ لعل رویاها

در آرزوی روزنه ای روشن میان روزها ...
آب می شوم
و می بارم
بر بام ثانیه های سرد
واژگان پژمرده
نگاههای واژگون
و جاری می شوم
در متن دریاهای نامکشوف
و می رویم . . . .
در طنین تارهای ترانه

با پاپوش سپید
بر سیاهترین سیاره گام می نهم
با انبوهی از خورشید و ستارگان در کف

دریغا......
در ژرفای حفره ای ظلمانی
در باتلاق زندگی ، سرنگون می شوم.

با بالهای باخته

در فصل پروای پرندگان از پرواز

و ریزش ستارگان

در کدامین سو

سایه ساری آرام می توان یافت ؟

گسسته از خویش.... و پیوسته با هیچ

زمانم سوخته

و پایی برای پایداری سپیدارها نمانده است

کلید های ناتوان ....

دیگر قفل های باکره را نخواهند گشود

اندیشه ها و آشیانه ها همه عقیم مانده اند

و جهان دیگر نمی چرخد

دریغا .... بالهایم را باخته ام

و در مرداب ته نشین شده ام ....

تهران – ایران

مرثیه ای در رثای استاد ارجمندم، دکتر «نصرت الله ضیائی»

چگونه می توانم پا بر زمینی بگذارم
که می دانم تو در دل آن خفته ای،
آری، ای یگانه دوران، استاد عزیزم، پیرمرادم،
هنوز هم تا همیشه زمان، همان جا نشسته ای،
در ایوان، در میان ابر و مه، که تمام فضا را فرا گرفته است.
و به طلوع خورشید،
که چون مخمل سرخی در سراسر آسمان گسترده شده،
در ورای درختان جنگل
و در فضای کوهسار سربه فلک کشیده ،
به قله ی بلند آن می نگری
و به ناگاه، سرمی گردانی، و با جامی در دست
به چشمان من، خیره می شوی، سروده مرا تکرار می کنی
با زمزمه ای زیر لب:
«زندگی، در همین لحظه ها جاریست»
«زندگی، درک مفهوم لحظه هاست»
«زندگی، یعنی بی توقع، دوست بدار»
«لذت ببر، بخور، بنوش و ببخش»
«به زیبایی ها بنگر، بنویس، بسُرا، بخوان»
و من، خاموش، غرقه در سکوت و صفای آن لحظه
دوباره می شنوم...
آری، آری، «زندگی، درک مفهوم همه لحظه هاست»
«زندگی، در حس همین لحظه ها جاریست»

***
برادر بزرگم، پیرمرادم، استاد ارجمندم
هنوز هم تا همیشه جهان، همان جا ایستاده ای
در کنار قفسه های نیمه پر و نیمه خالی کتابخانه،
و خیره می نگری، و با صدای بلند می پرسی:
«چرا این قفسه ها پر نیست»
چرا، این بسته ها، هنوز در کناری مانده اند؟»
و من، درمانده، اقرار می کنم.
من نمی توانم کتاب ها را ردیف بندی کنم
و تو، با صدایی پر از مهر می گویی:
اما من می توانم «بسته ها را بیاور»
آن وقت تو بر زمین می نشینی...
و من جعبه ها را یکایک می گشایم
وتو عاشقانه می گویی:
جامعه شناسی، ردیفی برای ویل دورانت
دو ردیف برای تاریخ جهان، سه ردیف برای شعر کلاسیک ایران
قفسه ای برای حافظ، قفسه ای برای سعدی،
و ردیفی برای «خرد و خدا» ....
واین رود محبت بی نظیر
تا آخرین لحظات تا آخرین دیدار ما، هم چنان جریان داشت.
***
استاد یگانه دوران، انسان کم نظیر
دریای معرفت و احساس، قله سربلند ادبیات ایران،
زمان به سرعت سپری می شود...
و تو هنوز و همیشه در همه جا هستی،

در ایوان، در کتابخانه،
در میانه ی گرد هم آیی عزیزان هنرمند، شاعر و نویسنده
در جلسات «کانون هنر و ادبیات لس آنجلس»
در جمع هیئت تحریریه مجله آرمان
در جمع دوستان سه شنبه
و همه جا می درخشی، نه چونان شمع یا ماه محفل
که، خورشیدی در جمع مشتاقان...
و بی رقیب... می خوانی ...کُردی، ترکی، فارسی
آشنا به تمام دستگاه های موسیقی ایرانی.
پای می کوبی، و همه حاضران را مست حضورت می کنی
***
استاد راهنمای شعرم.
هرگز، فراموش نخواهم کرد.
که چگونه سالها، زمان های طولانی
شعرهایم را می خواندی، راهنمایی و تشویق می کردی،

استاد ضیائی... در یک جمله
تو... و نام تو...هرگز فراموش نخواهد شد.
بر سر در کتابخانه ام... بر تارک هر شعرم
و در اندیشه من و همه دوستانت
و در میان نم چشمانم...
نام تو جاودانه خواهد درخشید.

06/28/2017

چکامه ای در رثای
استاد هوشنگ سیحون.....

نه... نه.... تو........هرگز...هرگز....پایان نگرفته ای
تو.......خداوند خط و خیال ....و خرد
تو....اسطوره ی سربلندی معماری مدرن ایران زمین
تو....استاد طراحان جوان وطن.....
تو....بزرگ مرد تاریخ هنر جدید ایران ما....
تو..... هوشنگ سیحون...هرگز... هرگز پایان...نخواهی گرفت......
من میدانم تو فقط برای " رولوه "* بهشت به سفر رفته ای.....
من میدانم خدایان نیزترا برای طراحی بنای تازه " خانه خدایان" برگزیده اند
و تو برای دیدار سایت جدید
یا کروکی منطقه و یا شاید ...... برای بازدید خیل اسبان وحشی بهشت
که همگی در دستان تو رام و تبدیل به نقش های جاودانی می شوند رفته ای.....
نه.... نه ....تو هرگز....هرگز...پایان نگرفته ای ....
تو به سفر تازه ای به بارگاه و خیمه خالق رفته ای ....
بزرگا.. مردا......، استاد من....
تو هنوز هم همان جا ایستاده ای......
همان جا که اولین بار دیدمت ..... در تالار کنکور
در زمان طراحی ونوس ... در پای شاسی ....
با نگاهی به من..... با نگاهی به ونوس
با نگاهی به طرح .... سری میجنبانی ....
زغال را از دست من میگیری....
و با افزودن چند خطک خُرد و سریع ....
می گویی " هوووم ..... جوان بجنب " و میروی

---

* رولوه ... تهیه نقشه وضع موجود ساختمان

من با نگاهی تازه به طرح احساس میکنم
" ونوس دوباره جان گرفته است
و تمام قد برپای ایستاده است
و دنبال دست شکسته اش می گردد
هلا.... تو یگانه انسان
تو خدای خط و خیال و خشت و خاطره و خیمه و خرگاه

توهنوز....همان جا نشسته ای
بر تخته سنگی ...کنار جویبار
روبروی ابیانه.....ماسوله... یا... فشم.....
محو در تماشای تموج و توالی انحناهای بی پایان خاک
محو در تپه های باهم یا تنها ، فضا های روشن یا تاریک
گریوه های برهنه و گردنه های باریک
یا نقاشی تک درختی پوشیده از برف
یا طرح کافه ی حقیر و کوچک در کنار دره ای ژرف.......
تو خیره بر منظره و قلم راپید در دست
و ما.... خیره بر دستان تو.....
و خطوط استوار خفته بر کاغذ

و این بار به جای ونوس....
این ابیانه......؛ ....ماسوله.... ؛ افجه...، شمشک....فشم......
یا طاق ها و بازارها و مناره و گنبد و بادگیر یا کاروانسراهای متروک میهن است
که پس از سده های طولانی فراموشی
در کروکی های زنده تو ... و نقوش نور وسایه ...، زندگی را از سر میگیرند

آری ....آری....تو هوشنگ سیحون
هنوز هم.... از گذشته زمان تا حالا و تا همیشه جهان
تو استاد من و ما.... همان جا ایستاده ای
در پای آرام گاه بوعلی سینا.....
بر فراز بنای یادبود نادرشاه
در میان محوطه مقبره فردوسی
و در کنار جایگاه ابدی کمال الملک....یا ... خیام
شانه به شانه شاهان و بزرگان جهان

وبلندای سایه تو هوشنگ سیحون
با سایه تمام ساخته هایت و یادبودهایت در هم می آمیزند ...
و به رود همیشه روان خاطره و تاریخ می ریزند......
هلا ، تو اسطوره ی خط و خیال و خشت و خِرَد.....
....اسطوره ی طرح و ساز وساخت
تو هنوز هستی.....
و هماره دست در دست تمام مردان تاریخ ساز
چونان فردوسی ..... نادر....بوعلی....خیام....... و دیگران
و پای در رکاب یا نشسته برزین نقش اسبان اصیلت
و در ذهن تمام شاگردان ...، یاران ...و یاد مردم ایران
به هستی بارور و پرثمر خود ادامه خواهی داد....
و تا همیشه در تاریخ هنر و معماری ایران
توزنده خواهی ماند
تا ابد .... تا جاودان ...

خرداد 1393 می 2014... لوس آنجلس - امریکا

فهرست اشعار عاشقانه

صفحه	عنوان

۱- من و عشق و بهار ۱۴۸
۲- او اکنون اینجاست ۱۴۹
۳- نفس ۱۵۱
۴- شراب چشمان ۱۵۳
۵- زبان بی کلام جهان ۱۵۴
۶- بارش ۱۵۵
۷- با عشق تا همیشه ۱۵۷
۸- صدف صورتی ۱۵۸
۹- رد پای آرزو ۱۶۱
۱۰-شور غم عشق ۱۶۳
۱۱- خورشید در زمین ۱۶۴
۱۲- پرواز عشق ۱۶۵
۱۳- کوه در انتظار برف ۱۶۶
۱۴- سنگ و صخره و صدف ۱۶۷
۱۵-خواب زده ۱۶۹
۱۶-اگر با دیگرانش بود میلی ۱۷۳
۱۷- دوار ۱۷۴
۱۸- فرجام ۱۷۵
۱۹- برگ های ساده همیشه سبز ۱۷۷
۲۰- راز جادویی ۱۷۹
۲۱- اجاق زندگی ۱۸۱

من و عشق و بهار

همسرم ..... ، یگانه ام ......

بی گل، بهار می شود

بی سبزه ، بی درخت، بهار می شود

نوروز می آید ، عید فرا می رسد

اما ،

بی عشق ، بی تو

یگانه ام ... همسرم ... حوای من
بهار .... یا عید
هرگز فرا نمی رسند ... رخ نمی نمایند

هرگز ، هرگز ، هرگز

نوروز 1378 خورشیدی ... وودلندهیلز... 2002 میلادی

او اکنون اینجاست

جدار دریای آسمان ترک خورده است
و سیلاب از آسمان جاریست
تمام دیوارها ، روزنه ها و پنجره ها را گشوده ام
و تن پوش بسیار گرمی پوشیده ام
رایحه و نوای دل انگیزی فضا را پرکرده است
نوای آن که بسیار دوستش دارم
او که یگانه است ، ولی نام های بسیاری دارد
و اما نامش را نمیدانم
رایحه و نوایش از هر طرف به گوشم میرسد
و در او غرق شده ام
و نه فقط در نوای او ...

که در وجود او
که در هستی او....
که اکنون تمام وجودم را در برگرفته است
و در عشق او ....که میدانم...
هم اکنون در کنارم هست
ولی نمیدانم کیست...؟ غوطه می خورم
گرما و نرما ، لطافت وجودش ..
بر پوست برهنه صورتم می وزد
لب هایم را در جستجوی لبهای او
به هر سو می چرخانم....
و دست هایم را برای در آغوش گرفتن او . . .
به هر سو میگردانم
هرچند او را در میان دست هایم حس نمی کنم
اما ، میدانم ، ... سرا پا در وجود او غرقه ام

و با هر نفسم ...
به تمام سلولهای وجودم رخنه می کند
و هستیم را . . . سراسر آرام میکند . .
و چشمانم بی اراده بسته می شود

***

نمیدانم... نمی دانم او کیست...؟
چه نامی دارد....؟
اما.... او اکنون اینجاست ... در کنار من است...
در میان هر قطره باران...که برچهره ام می نشیند...
درمیان نسیمی که می وزد و برگهای درختان را، و موهای خاکستریم را
به رقص وا میدارد...او همین جاست
در چهچهه های پرندگان خیس شده ....
که می خواهند خود را زیر برگهای چنار پیر پنهان کنند...
در میان مِه که تمام فضا را فرا گرفته است
و من و تمام کتابخانه ام را پر کرده است .... او اکنون اینجاست

***

آری . . . او اکنون اینجاست
من نوای او را در میان ریزش قطراتِ باران ، ازناودان...
و هستی او را در میان طپش های قلبم می شناسم ...
آری...، آری...، هم اکنون ، ... و همیشه و همواره او اینجاست ...
می دانم... میدانم ......

طوفان در لوس آنجلس ......31 ژانویه 2016

نَفَس

مرد، می موبید و می گریست ومی نالید؟

آه....آیا تو هرگز.. نفس نفری بوده ای..؟

آیا هرگز... عشقی ... که تو انتخاب کرده ای،

که تو با اشتیاق، لبانت را بر لبان او نهاده ای

بتو گفته است: که "تو" نفس او هستی؟!!

و او بدون بوسیدن لبان تشنه و مشتاقت

فقط نفس ترا نوشیده است...؟

و اوج بهاران را تجربه کرده است...؟

آیا... جز من... هرگزکسی بوده است..؟؟

وتو در همان لحظه یگانگی...

گفتی .. که "نه، هرگز نبوده است"

***

آری.. آری... تو نفس من بودی

آیا تو.. با تمام احساسات آتشینت..

با تمام یگانگی گفتار و کردار ورفتارت

با تمام تنیدگی تن هایمان درهم،

با تمام صمیمیت جسم هایمان

آیا هرگز به معنای این گفته اندیشیده ای..؟

آیا هرگز عمق احساس این بیان مرا درک کرده ای؟

آیا هرگز باور کردی

که براستی تو ... نفس من ... زندگی من ... جسم و جان من هستی؟

یا فقط .. آن را به حساب یک اشتیاق .. یک تمایل...

یک عشق زود گذر ، یا یک هوس گذاشتی!!!

و هرگز.. ندانستی "نَفَس بودن".. یعنی "زندگی بخشیدن"

یعنی همه درهای زمین و دروازه های آسمان را برای کسی گشودن

یعنی همه لحظه ها و روزهای شخصی را پر از خوشبختی کردن

دریغا.. تو هرگز ندانستی...

نه معنای کلام را.. و نه ارزش و درک عمل آن را

تو چشم بر تمام دقایق و حقایقِ ... انسانی و احساسی بستی ...

و روزنه های قلبت را

به روی احساسات واقعی و حقیقی خودت بستی . . .

و فقط به گذران روزمره زندگی پُر از زرق و برق پرداختی

و صد البته که من هرگز نتوانستم باور کنم

وهنوز هم نمی توانم بپذیرم ...

که آن چنان تو، توی آتشین و مشتاق و همواره منتظر...

این چنین سرد و بی احساس شده است ... نه ، هرگز باور ندارم...

مرد هم چنان می موید و می گریست و می نالید . .

دریغا...دریغا

LA- 12-29-2018

شراب چشمان

همه را شراب مست می‌کند ...
و مرا حضورتو ... و چشمان و نگاه تو
تو چونان گل یگانه ای ، نورانی شکفته در گلستان
و بیتا ماه نور افشان، سرخ در آسمان

باغ یگانه ام .... روی تو، نگاه تو، وجود تو
جلوه و جلای جان من است
حضورت ؛ نفس هایت ؛ موجاموج زیبائی های تن و بدنت
جرعه و جرقه و تکرار پر از عشق زندگانیم
پریزاد ه ی آسمانیم .... نیست کسی دیوانه ات
بی قرار و مجنونت، چونان من ؛ یا بیش از من
ای جان من ..... که چون آنی می روی از کنار من
روز مرا چونان شب ؛ تیره ؛..... قیرگون و سیاه میکنی

پریزاده ی دریایی ام ...
مدام بمان کنار من ، تا انتهای من
که روی تو..،نگاه تو،حضور تو
همیشه جان دوباره میدهد ... به جسم نیمه جان من
پریزاده ی آسمانیم .... مدام بمان کنار من
تأ انتهای من
مدام بمان در کنار من .... **مدام بمان کنار من**
تا پایان من

لوس آنجلس... فوریه ۲۰۱۸

زبان بی کلام جهان

یگانه ام....
بامن از عشق سخن بگو
با زبانِ جنگل
با زبانِ دریا
آن سان که
باغ و خاک ازبهار می گویند
و زخمهٔ مضراب با ساز
آن سان که
ستارگان رها در فضا
در مدار عشق،
می رقصند و می روند و هرگز نمی رسند
می ما نند و در نمی ما نند
یگانه ام.......
با من از عشق سخن بگو
که نگاهت رودی است
که روانم را با خود می برد
و سپیدهٔ صدایت ....
که سرودِ بودن است
از خورشیدی
که ناگزیر طلوع می کند
از جنگلی که هرگز نخواهد مرد . . .
از ریشه ای که هیچگاه نخواهد پژمرد
از چشمه ای خفته در دل کوه
که سرانجام روزی خواهد شکفت
یگانه ام ....
با من از عشق
با زبان عاشقان
سخن بگو
یگانه زبان بی کلام جهان
با زبانی که می دانم
روزی جهان، با آن سخن می گوید
تهران ..... 18 /03/1369

بارش

یگانه ام.... حوای من... کاش می باریدی
چونان باران با نرمای نسیم از آسمان
که سیرابم می کردی

یا به حالت سنگساران
که مرا کامل می کوبیدی
و از صحنه و صفحه زندگی پاک و یکسره خاکم می کردی

***

یگانه ام......... کاش می باریدی...
چونان باران .... با لطافت آب چشمان
که سیرابم می کردی

از نو ریشه می کردم .... از نو جوانه می زدم
از نو شکوفا می شدم
از نو... تولدی دیگر.... را تجربه می کردم

***

حوای من ... کاش می باریدی .... چونان شبنم های سحری
بر چهره ام ... برچشمانم
برتمام وجودم...، بر اندیشه ام
بر رویاها و آرزوهایم

کاش فقط می باریدی... و مرا می پالودی
و چون آب چشمه ؛ پاکم می کردی
کاش فقط می باریدی ..... به هر صورت وهر چهره
..... که مرا می رویاندی
ویا از صحنه زندگی پاکم می کردی

***

کاش می باریدی و واجازه میدادی با تمام وجودم ؛ با تمام یاخته هایم
برچشمانم ؛ بر چهره ام و بر پوستم احساست کنم
در کنارم بودی.... در کنارت بودم
که مرا از نو می رویاندی...
یا برای همیشه می میراندی....

اما... آه .... از این آسمان خشک بی باران
آه.... از این کویرِ تفته تنِ تشنه من.

04/20/2016

با عشق تا همیشه

من هرگز باور نکرده ام
جهان را با یک رنگ
همه سبز ؛ یا همه سرخ
یکسره سپید یا سراسر سیاه
آیا تو؛ رویاهایت را با جلوه رنگین کمان
بیشتر دوست نمی داری؟

***

من هرگز نخواسته ام
آسمان را با یک سرود
ورود را با یک رایحه
و قلبم را با طپشی یکسان

اما این تویی که ؛
هزاران ترانه در تلاطم جانت نهفته داری...!
وهزاران بهار در فصول چشمانت !

که این چنین پر شور و بیقرار
در تو غرقه ام....

صدف صورتی

ای انسان ...

در رود روان زندگی . . . .
غوطه می خوری... با لا و پایین... درفراز و نشیب
و غبطه می خوری .... و می اندیشی
آیا این رود است که می گذرد .... ؛ و ما می مانیم....؟

.... یا ... این مائیم که میگذریم
و رود است که جاودانه بر جای می ماند
یا هر دو در گذریم ....؛....و نمی دانیم..؟

***

تو هماره در جستجوی صدف هایی هستی که
گاه گاه در ساحل رود بیتوته می کنند
و تو زیبایی آن ها را
سختی جسم و نرمی و لطافت تن آنها را ....می ستایی،
و این زمان باز هم ،......
به گذر رود می نگری... و روانی آب
و به گذر خود می اندیشی ،.. و به سفر به آن سوی رود [1]
و چگونگی بودن ...؟ .... آمدن ، رفتن ، سرودن ...

1- سفر به آن سوی رود در فرهنگ مصر کنایه از سفر ابدی است

هم زمان در ساحل رود ؛
مجموعه ی صدف های چرخان،...غوطه ور
گذران را می یابی ...، در آبهای بی اندیشه

و مبهوت و حیران .... ناگهان ؛ در آن میان
خیره می شوی؛ به صدفی صورتی
یگانه و بی هم تا، شکوهمند، بسیار زیبا، پر ابهت

که مانند یک پریزاد دریایی ، به سایر صدف های ندیمه اش می نگرد
در آنی دلت را می رباید .... او را ... بر می گزینی
او دیگر گونه است ..... صدفی صورتی
پراز جلال و جبروتی که ترا شیفته می کند

گرمای مطبوعی از صدف سخت صورتی
به سراسر وجودت سرایت می کند
عطر مطبوع صدف .... نفست را تازه می کند
در نهایت ناباوری ؛ احساس می کنی
سبک شده ای... جوان شده ای و پر انرژی و خوشحال
و زندگی، رنگ شاد و تازه ای به خود می گیرد

***
دیری نمی گذرد.... و تو هنوز باور نداری ...
اثرات صدف صورتی را.... در زندگی تازه ات

و هنوز هم در اندیشه فردا و فرداها
در ساحل رود زندگی ، قدم می زنی
بدون آرزوی یافتن صدفی تازه

و می اندیشی ، ... صدف تا جور و شکوهمند و بی نظیر
تا چه زمان صورتی در کنارت باقی خواهد ماند..؟
و رنگ نخواهد باخت ...؟

دلت می خواهد... بتوانی آنرا برای همیشه
تا سفر به آن سوی رود زندگی
در کنار داشته باشی..... آیا می توانی...؟

آه صدف صورتی من ؛ صدف صورتی ....؟
به رود زندگی می نگری .... و روانی آب
و به گذر خود به آنسوی رود می اندیشی
آیا ..... آیا ..... آیا . . . ؟؟

فوریه 2018

رد پای آرزو

نه ، نه ، نمی خواهم
سینه های زیبایت را برهنه نمی خواهم....
فقط مشتاق حضورت هستم....
قط مشتاق حس رایحه و نفس هایت هستم
که مرا ... و فضا را... و زندگیم را سرشار اشتیاق و انرژی می کند

نه... نه..... نه نمی خواهم....
نرما و گرمای ران های زیبا و هوس خیزت را
نه ... نمی خواهم ... عریانی بدن و کمرگاه جادویت را
بیش از آنها ، . . . حضورت را می خواهم
و احساس گرما و فشار سر انگشتانت را.. روی انگشتانم ...
و فرو رفتن ناخن هایت را .... در کمرم

***

آری ...آری ... من دیوانه ام .... مجنون هم
دیوانه ی عشق لیلا بود...

اما ....باور کن ...
من وجودم پر است از احساس کویری
یک تن تشنه ی باران
و داغ سوزان تن ساروجی و تفته ی خودم

اما .....به عشق قسم....
خود را شایسته ی آغوش تو نمی دانم
فقط بگذار ببوسم کف پای برهنه ات را

بگذار با چشمان بسته ام
عریانی اندام مرمرینت را در رویاهایم ببینم
و نرما و رایحه ی غنچه و گلبرگ های وجودت را
در اندیشه ام ، ذهنم احساس کنم

آری....آری....من دیوانه ام......
و بیش از همه چیز گرمای نگاهت را می خواهم....
و زیبایی الوان نهفته در چشمانت را می جویم
تو و چشمانت، از تمام رویاهای رنگینم ... زیباتر و پررنگ تری

قوس و قزح خفته در چشمان تو
ده ها بار .....چشم نوازتر ...و دل انگیز تر
از زیبایی پرهای گشوده طاووس های هندی است

آری ....آری .... تو برتر از تمام رویاها و تصورات....
و آرزوهای من هستی

آه....کاش می توانستم ترا آرزو کنم
آه .... کاش می توانستم روزنه ای
در احساس و زندگی تو بگشایم
و جای سوزنی کوچک در قلب تو
و زندگانی تو داشته باشیم...
آه کاش می شد ....   کاش می دانستم
کاش می توانستم .... ای کاش ....ای کاش

12/17/2017

شور غم عشق

سایه کدر کوچه
بر درخت بید همیشه مجنون
و نشان گام های گِل آلود خیابان
بر چهره ی چمن

یاد زمان زیبای زندگی، در خاطر خاموش خاک
و رد پای ننگ و نسیم
و باد و بهار...توام
در عبور شتابناک سیلاب زمان

***

دریغا......
عشق ....
که هنوز نیامده ؛ می گذرد

تهران 1371

خورشید در زمین

ای دوست
اگر بعد از یک زمستان طولانی
بارانی ..... طوفانی ...

خورشیدی را بیابی .... در آسمانی
درخشان و نورانی .....
چه میکنی؟ .... آیا قفسی می سازی...؟
و خورشید را برای همیشه اسیرخود می خواهی...؟
آیا می توانی ...؟
یا بناچار
برای حتی اندک زمانی
آفتاب را در کنار داشتن...
به لحظه ای شادی رضایت می دهی؟
***
آری ؛ ایدوست....
آیا تو هرگز حتی برای کوتاه زمانی ...
خورشیدی در زندگانی داشته ای ، ... ؟
آری ...آری ..من خورشید مهربانی را... لبریز ازعشق
جهانی را ... برای زمانی طولانی
در کنار داشتم ... که تند و زود سپری شد
در آنی .... آنی .... آنی.....
آری، آری، میدانم خورشید را
نمی توان برای همیشه در کنار داشت !!!
شادا....
گهگاهی که بر تو بتابد....
کوتاه، حتی اندک زمانی....
آنی.....، آنی ....

لوس آنجلس 2016 /12/21

پرواز عشق

از پائیز تا پائیز
سراسرِزندگیِ زمستانیم را
با امیدِ تابش خورشید

فرا رسیدن بهار . . .
و رویش رویای عشق
سر می کنم ......

دریغا.....
نیامده می گذرد...
دور می شود
تا می رسد... باز هم ره می سپارد ...
دریغا . . . دریغ . . .

کوه در انتظار برف

دریا هاست .....

در انتظار بارانم ..... و دیدار

کوه هاست ......

در انتظار برفم ...... و وصال

چشمانم روی به مهر؛... و تو؛.... و طلوع خیره مانده است

قلبم روی به ماه ... و غروب دیگر نمی طپد

و بدنم روی به سوی تو

و تنم در تمنای بدنت .....

سرد و یخ زده است

دریغا......

روح و روانم .....

که یکسره ابری است .... اما نمی بارد

دریغا ..... دریغ......

تهران 70/11/7

سنگ و صخره وصدف

پریزاد دریایی ام
تو صدف و مروارید ،
مرجان ومرهم ... همه با همی
تو همان تصویر ماه وخورشید وستاره ای
اما در آبی آب !
که بایستی به دیدارت
فقط در رود روان رضایت داد
و جلب توجه ونگاهت
و انتظار عشق و آغوشت
آرزوییست بس محال و دست نیافتنی

نگاه افسونگرت
داستان توامان مرگ و زندگی است
نگاه قهر امیزت می میراند
غمزه ی مهربانت جان بخش است
چشمانت دامگه عشق است
و هر جنبنده ای را مسخ و افسون میکند
ولی ، سرچشمه ی همه ی نورها و نیکی هاست

گُل و گلستان من ... !
لبان شیرین و آلبالوییت
یاد آور مرجان سرخ
و نگین سرخ سروری است

تاک و تاکستان من!
پستانهایت، خوشه های سرشار شعر است
و نرما و صافی ساق ها و ران هایت
یاد آور نرما و صافی ستونهای مرمرین یونان
و تمامی تن و بدنت، وجودت ؛
تصویر و تصور ، همان خُم شراب مردافکن حافظ شیراز

پریزاد آسمانی ام؛ باغ و باغستان من
تو از کدام تیرهٔ ترانه و ترنمی
که باغ و شکوفه های شعرم را
این چنین شکوفا و سرشار از شراب عشق کرده ای .....!؟

20 مارچ 2018 .... اول نوروز 1397

خواب... زده

روود روان زندگی
بی توقف ره می سپرد...
رود همیشه روانه است و ... میگذرد...
نمیدانم آیا رود می گذرد...؟
یا من راهی هستم
یا شاید هردو روانه ایم
رود به سوی دریا . . .
ومن روانه به آن سوی رود *

***

نمیدانم چرا... چشمانم ابری شده است و سرد
و ، برفی در حال ریزش مداوم
و چنین است که چهره ام را چین و چروک سپیدغمنا کی فرا گرفته است
و به صخره ای در حال فرو ریختن مانند شده ام
و میدانم چرا... ابروانم پر از گره شده است
و زندگانی سراسر گره ام را تداعی میکند

***

---

* در فرهنگ مصریان قدیم به جای واژه ی "مرگ" از "سفر به آن سوی رود" استفاده میکردند

***

مدام به خود میگویم ...
تو که از ابتدای شروع رویای جادویی و رنگین ات
پایان آن را میدانستی ....
و بیداری ناگهانی را پیش بینی میکردی ....
پس چرا اکنون ای ... " خواب زده " !!
" ماتم زده شده ای " !!
غرقه درمه و توهم و حیرت ،می اندیشم ... اما, درنهایت بهت و سرگردانی در نمی یابم
آیا من درتو تولدی تازه یافتم   ...؟
یا تو در من ریشه ی تازه زدی و شکوفاو تکرار شدی؟
یا ، در زندگی هر دوی ما تجربه ای تازه و استثنائی
هر چند بی سرانجام....شروع شد...؟

***

... اکنون دیگر مهم نیست آسمان چه نوایی می نوازد ... یا چه رنگی دارد...
طلایی یا سربی ...؟ هوا ابری است یا آفتابی ...؟ برف یا سنگ ببارد... یا نبارد ...؟
و برف ها ریشه کنند و جوانه بزنند یا نه...؟
فقط برایم مهم است : که سر تمام غنچه های عاشق را برسنگ بکوبم وبخوابم
شاید ... هر دو فنا شویم ... و دیگر باز نیایی

ولی من هنوز؛ هم چنان پیلان مست ،شتران کف بر لب آورده،و شیران ژیان غران
فقط می توانم در تو جلوه... و جلای زندگی را حس کنم
ومیخواهم تو در من....باز هم ریشه کنی و شکوفه و جوانه بزنی ...
حتی به خاطر نیاز هایت ... میخواهم ... دوباره زندگی جادویی
در تنیدن قلبی ما در هم ؛ معنی پیدا کند ... میدانم اگر تو در کنارم بمانی ...
خورشید را من , از نو خلق می کنم
آفتاب را فقط من می بارانم ...
و باران را هم از نو می تابانم

اما... افسوس اکنون در اینجا
در این تابوت بی درز و بی روزن
دریغا ...... افسوس

فقط هم سفر همیشگی ام... فرشته ی مهربان مرگ...!!
در کنارم باقی مانده است
فرشته ی مرگی که از هفده سالگی همواره , همراه من بوده است
.....اما ... گاه گاه ... چهره می نموده است
اما ... اکنون دوباره در کنارم .... است
وسرمای وجود او... بدن همواره سوزان مرا...
به تکه یخی تبدیل نموده است

***

آری باید... دوباره ,سر به بالین بگذارم
... شاید ... رنگین رویایم ... دوباره باز آید
شاید ... رویا بتواند ... تن و زندگی یخ زده ام را ... دوباره ... گرم کند
یا شاید بتوانم لااقل در خواب...
درکنارفرشته ی صریح و بی ریای مرگ ... برای همیشه آرام گیرم
یا شاید بتوانم به خود بگویم...
لااقل رویاهایت را از دست نده...
بگذار شیرینی رویاهای رنگارنگ
تلخی واقعیات را از جانت بشوید ...
وسرمای زهر آگین غروب بیداری را...
با گرما وشهد طلوع رویاهایت جبران کند...

***

ضرورتی نیست ، تلخی زهرابه زندگی را باور کنی...
" فقط هرگز سرتسلیم فرود نیاور"
و رویاهایت را همواره رنگین و همیشه رنگارنگ باور کن . . .

لس انجلس – جون 2018

اگر با دیگرانش بود میلی (مولوی)

آیا موج می تواند از دریا بگریزد ؟ ... یا ابر از آسمان؟
آیا باران بدون ابر . . .   می تواند وجود و هستی داشته باشد؟
یا آفتاب بدون خورشید

یا من بدون تو،

مفهومی ؟

من میدانم مجنون و دیوانه ام
آری من دیوانه ام و مجنون،.. اما نه بسان او
نه مانند مجنون از دوری لیلی

بلکه من از عشق گریزانم

زیبا ترین لیلی های جهان روییده در رویاهایم
خواستنی ترین گلهای دست نیافتنی دنیا
همگی شکفته در باغ تخیلاتم
و من همه را واگذاشته وگریخته ام

آری من از عشق گریزانم

عشق بیش از حبابی تهی نیست
و امیدی واهی به یک سراب
که آن را در یک توهم نامفهوم
سر چشمه ی تمام آب ها و آفتابهای جهان می پنداریم
و به آن دل خوش می داریم

آری من مجنون و دیوانه عشقم، اما؛..عشق
فریبی، افسون و افسانه ای غریب
و نامفهوم بیش نیست

لوس آنجلس 06/15/2018

دوار

عاشقانه .....
حیران ....
از بلندایِ بام عشق
می نگرم
مبهوت
بر برهوتِ برهنه يِ جهان

دریغا . . .
سرگیجه می گیرم
و سراسیمه و گُم
ناگهان
سرنگون
وغرقه می شوم
در غوغای زمان

70/03/09 - شمسی - تهران

فرجام

غرور و باور کوه............به خود
و نهراسیدن........از زلزله و سیلاب و رود

کوه ... باور کرده بود ،
زلزله فقط با شهر ها و دشت ها..... سر و کار دارد
و در پای کوهستان ....
سر می نهد و آرام میگیرد.......
و هستی رود ..... از کوهستان بود و باران

و جنگل می اندیشید.........
آتش آرام و مهربان است
و برای رهائی از سرما
برای غذا و سیری و لذت انسان

اما ، زمانی .....
کوه به زلزله اعتماد کرد
و افسون زمانه و باران زمان
نیز کوه را فرسوده بود ....

زلزله....
دیگر در پای او آرام نگرفت
و به عمق هستی کوه تاخت

و با یک تکان شدید ... او را درهم شکست
و رود نیز ... صخره های خرد او را با خود برد

و اما جنگل ، که در تصور خود
از مهربانی آتش .... تصویرها داشت
به نا گاه .... تمام هستی خود را
شکسته و سوخته و برخاک ریخته
و بر نسیم جفا خفته یافت

من ... کوه بودم و جنگل و باران
و تو .... آتش بودی و زلزله و طوفان
و تو... نا گاه ،
خورشید خشمت خروشید و شعله کشید

و من که ، از کوه کمتر و کوچکترم
و از جنگل ، بی ثمر و بی سایه تر
زمانی به خود آمدم
که هستیم غرقه در آتش و زلزله و طوفان بود
و شراره عشق تو خاموش شده بود

وینک من .....
بی سر و بی سایه و بی صدا
در سکوت و سیاهی و سرما
در تنهائی ... خواهم خفت
بر خاک خالی خشک بی فردا

و تو دلشکسته و خاموش تر از من
در هستی بیهوده خود مانده ای ... در مانده تراز من

لوس آنجلس 13/21/05

برگ های ساده همیشه سبز .....

ای برگهای ساده همیشه سبز ....
آیا شما عشق را می شناسید...؟
آیا باور دارید آن زن جوان همیشه نگران پریده رنگ
در سکوت جاودانیش
هرگز به عشق اندیشیده باشد.........؟

***

یا این فقط
یک اتفاق ساده است ....
هر زمان که ... هر کدام را به نگاهی نوازش می کنم ...
زردی از رخ می زدایید
وچهره تکیده شان ... می شکوفد ... سبز تر می شود....
و جوانه های تازه می زنند....؟
و سرخ و غنچه وار لب به خنده باز می کنید....
و روزهای بیشتری را در کنارم سبز می مانید....
آیا هرگز تا پایان تب لرزه های من ..... شب را تاب می آورید....؟

***

کاش آن سالهای بسیار بسیار دور.....
آن سالهای نوجوانی و بی خبری........
آن ایام غرور کور.......
آن لحظه های شادی و شور...

من نیز میدانستم

آن زمان که دست خسته

و جان در هم شکسته اش را

با تبسمی نوازش میکردم

و او مانند گل می شکفت

و از چشمان تاریک و بی فروغش

ناگهان برق می جهید

و گلبرگ های لطیفش...... شادابی از سر میگرفت....

و خون جوانی در رگ برگهایش می رویید...

کاش می فهمیدم . . . کاش میدانستم....رازش چه بود....؟

آیا او عشق را زندگی میکرد؟

***

آیا آن زن همیشه زرد خسته

مانند این برگ همیشه سبز خاموش

به اجبار زمانه ...تن تسلیم نوازش می کرد

یا او عشق را می شناخت ؟

و سکوتش نشانه

آرزویش . . ... نازش ... تمنای نوازشش بود..؟؟

***

آه......کاش آن روزها...... آن ایام آویخته بر بند

آغشته با عشق . .. پیچیده در باد..... نا رفته از یاد

کاش آن روزها ...

در سکوت خویش، زبان می گشودند

لوس آنجلس – 01/10/2013

راز جادوئی

دور زمانی .... کودکانه
به آسمان ها می نگریستم
و در بازی و رقص ابرها ....
زندگی را رویا گونه می خواستم و می ساختم
***
در نوجوانی ..... نجوم می خواندم
و به آسمان می نگریستم
به منظومه ها و کهکشانها
به رموز سطوح منحنی و فضاهای کروی می اندیشیدم

چرا تمام ستارگان
زمین و ماه و خورشید
همه گِردند و همیشه می گردند
و هرچه بیشتر می انیشیدم
کمتر درمی یافتم
***
در جوانی معماری خواندم
و کتب تمدن های باستانی را . . . .
به اهرام ثلاثه می اندیشیدم
و در جادوی سطوح و فضا های کروی و سه گوش غرق می شدم
و هرچه بیشتر جستجو می کردم
آن راز جادوئی را کمتر در می یافتم
و حیران و مبهوت بر جای می ماندم

و چنین بود تا زمانی که او را دیدم ... در کنار ساحل
زیبا ، جوان ، دوان ... چرخان و رقصان ...
نیمه برهنه یا عریان ... نمی دانم
با ساق ها و سینه های عشق آفرین
پر وسوسه ... و پر راز، لرزان
با تمام خطوط و سطوح منحنی و کروی مرموز
و با سه پوشش کوچک سه گوش
و تمامی جادو و جاذبه نهفته در پس آن رمز و راز ها

و باز هم نگریستم ... و این بار ، بیشتر و مشتاقانه تر از همیشه
با جلوه های رنگارنگ آن همه جاذبه و زیبایی زندگی
به سطوح سه گوش و انحنای حجم ها
هم چنان ، خیره ، مبهوت
و اندیشناک رموز بر جای ماندم

***

وزان پس ... هنوز ...
باز هم خیره .... حیران ... هراسان ... و ...
مشتاقانه می نگرم،...
اما ... از پیوند های پنهانی
و شباهت های جادوئی میان آن نماد ها
معماری و فضائی ، عشق و هوس
سطوح سه گوش و فضا های منحنی
دیگر هیچ نمی پرسم ...
هیچ نمی گویم ...

تابستان 1348 شمسی = 1970 میلادی نیس – جنوب فرانسه

اجاق زندگی

یگانه ام ...چگونه این همه از تو پُر بودم ... و نمی دانستم
و آن گاه که تو سفر را برگزیدی ....
چگونه از همه چیز ......   به نا گاه خالی شدم ؟
مانند سیبی که بر فراز درخت
در فضای خوشبختی غوطه ور است ...، و نمی داند...
و در لحظه قطع ... به خاک در می غلطد...
من نیز به خاک در غلطیدم

و آرامشی گورستانی ......
بر دریای طوفانی وجودم سایه افکند...
و من ناگزیر فراخنای دشت و سایه سار شعر را انتخاب کردم
و دَمی و کمی آرام شدم

***

نمیدانم ...، چگونه این همه زمانها، لحظه ها و سالها
در کنارت خاموش .....   به اجاق زندگی می نگریستم
و شعله های سرکش عشق و گرمای جان بخش آن را
ندیدم و در نیافتم...

و امروز در لحظه رفتنت
به زمین درغلتیدم و از هستی تهی شدم
به ضربه ای بیدار گشتم

و خود را تنها تر ازهر ستاره ای
و به سان آنان ... در فضا و کهکشان ... سرگردان یافتم
و اکنون دردهه پایان راه زندگی
با وجود خورشید همیشه درخشان ..... در پهنه هستی
حتی در پرتو تابش و بارش شعر و سرود

من به تاریکی گور خفته ام ...... و ازدرون دخمه تاریک زندگی
فریاد شادی شعر و سرود و ترانه سرداده ام :
" آه ... من چه شادم و خوش و خوشبختم "

03/18/2012   Bel Air

فهرست اشعار من و دلتنگی ها

صفحه	عنوان
۱۸۴	۱- در اندوه فصل ها
۱۸۶	۲- با برف در آغوش آسمان
۱۸۷	۳- آن سوی فصل های گمشده
۱۸۹	۴- بال های بوسه
۱۹۱	۵- دریای من
۱۹۲	۶- بال در بال باران
۱۹۳	۷- در سوگ آرامش آبی
۱۹۵	۸- راه در نگاه
۱۹۶	۱۰- روزنه ای روشن
۱۹۷	۱۱- دردم نهفته به
۱۹۸	۱۲- شانه های انس

در اندوه فصل ها

در فراق دخترم ...شهرزاد
در سفر اجباری به آمریکا

دلتنگ که می شوم

چشمانم را می بندم ... پرنده می شوم ، پرواز می کنم

از این آسمان به آسمانی دیگر

تا افق های دور، ایمن و بی اضطراب و بی دلتنگی

ماهی می شوم... از این دریا به آن دریا می روم

آب می شوم ؛ جاری در میان خاک

تا مگر نگاهی را ؛ لبانی را . . . .

در گلزاری دور دست شکوفا ببینم

می اندیشم :

چه تفاوت میان دری بسته یا گشوده، رها در میان دشت ؟

یا دروازه ای یله، در میان باد؟

با حسرت ؛ از این دریا به آن دریا می روم

و از این آسمان به آسمانی دیگر

و با اندوه ؛ از این فصل به فصلی دیگر

آب می شوم ؛ جاری در میان خاک و رود خروشان

تا مگر چشمانی، نگاهی را، لبانی، اندیشه ای را، شکوفه ای را

در مرگزاری، چمن زاری دور دست

رویائی شکوفا و شادان و رقصان ببینم

دخترم دلتنگ که می شوم .....
به کنارت می آیم ... و به تماشایت می نشینم
نگاهت که می کنم .... دلتنگی هایم می گریزند
و شادمانه بهشت و بهار می شوم،... چشمه و باران ...
و همه جهان شعر می شود ... خنده و گریه ات ؛ آشتی و قهرت
آمدن و رفتنت... نوازش دستانت بر دستم
و انگشتهای ظریفت در موهایم
نازبالش نازت... مبل لمیدنت
میز سپید کارت... و دست نوشته هایت برآن
با هزار نقش و خاطره در هر گوشه
دیوارها ؛ عکس ها و پوسترها
با آئینه ای که ؛ عاشق تست . . . کاش من همه ی آنها بودم
شهرزادم ، دخترم ... نگاه و صدای تست . . . و محو تمام دلتنگیها
و رفتن همه ی نومیدی ها و دل گرفتگی ها
شِکُفتن تمام شکوفه ها
و گشوده شدن همه ی راه ها و درها و دروازه ها
فتح همه قله ها
رقص همه کوه ها و دره ها... خورشید ها و ذره ها
و آنگاه تمام جهان شعر می شود
و زندگی سراسرعشق و رویا
و از همه دلتنگی هایم
شعر ناب می بارد...
دلتنگ که می شوم.......

تابستان 1370 تهران

با برف در آغوش آسمان

دلتنگ که می شوم

به برف می اندیشم.... برف که می تابد

می نازد و می بارد.... مات می شوم و مبهوت

برهنه جان؛ ... حیران؛ .... نشناخته پای از سر؛

غرقه می شوم و در می آمیزم با برف

می وزم ......و عشق می ورزم می بارم با برف ؛

سپید... ؛ سپید......... نرمِ نرم .... سردِ..... سرد

برف می شوم .... می رقصم در آسمان

شاد ....؛ رها از هر دلتنگی ... و آزاد

با تمامی جوانه ها و شکوفه های برف ... هم نفس می شوم

آغشته می شوم.... با دل ها ؛ گل ها ... پرده ها و پندارها

برف که می تابد .... برف که می بارد

مبهوت می شوم... و رها از اندیشه دلتنگی ها

حیران....برهنه جان .... دیوانه وار و بیقرار

برف می شوم .... و رها ازهر بند ،هم آغوش آسمان

دلتنگ که می شوم ....

71/10/30

آن سوی فصلهای گمشده

بیاد روانشاد پدر ارجمندم

آه . . . دلتنگ ، که می شوم . . . فقط بتو می اندیشم
و همه جا تو را می یابم و می بینم

وه ، چه آرام می آیی ... از ورای سدها و سالها
از آن سوی آبها و آبی ها... از لا به لای پرده ها و پندارها
وه ، چه سهل و سبک می آیی
در کنارم می نشینی. . . و روی سینه ات پناهم میدهی
و ترانه هایت را بر جانم می باری

***

آه ... چه رام و چه آرام میایی
با شکوفه های شکفته در جانت . . .
از آن سوی فصلهای گمشده
از میان بادها و یاد ها ... و در کنار یادبودهایت می نشینی
سرم را بر زانوانت می گذاری ...
و به قصیده های دلتنگی ام گوش میدهی

آن همه با قرار و پر غرور می نشینی . . .

آن همه ساکت و آرام می شنوی

و من . . .

این همه سخت می گویم . . . . و این همه سرد می گریم

و تو . . .

رام و آرام و صبور ... طاقت می آوری

و بناگاه می روی ... از لا به لای سبزه های پرده

سرخ غنچه های تور ... رو به آن سوی آبی های پُر تلألو زمان

تو که دلتنگی هایم را می شنوی و می شویی

تو که جانم را روشن می کنی

وه ... چه آرام می آیی ... وه ... چه سبک میروی

آه .... دلتنگ که می شوم .....

بل های بوسه

دلتنگ که می شوم

با باران می وزم، و با باد می بارم

از ابر تا خاک... تا رود ؛ تا دریا

تا نفس نسیم .... با عطر عشق

دیوانه می بارم ... دیوانه می وزم

بی تاب و بی قرار .... رو به سوی تو

که هرگز جز من نبوده ای

دلتنگ که می شوی

دیوانه می وزی... چنان بی قرار... که انگار

تو هرگز جز من نبوده ای

تو هرگز جز برای من ترانه نخوانده ای

و جز در آغوش من ؛ هرگز نخفته ای

***

دلتنک که می شوم

می خواهم در کنارت بنشینم

سر برشانه های گرم و شعله ایت بگذارم

و در وجود اثیری و آتشین ات گم

و در نسیان شرابی دریاها فراموش شوم

دریغا . . .. .. دیگر کنارم نیستی

***

دلتنگ که می شوم

می خواهم در کنارت بنشینم

سر بر شانه هایت بگذارم

بگویم و بگریم

و در نسیان امواج خنده های جادویت فراموش شوم

دریغا .... دیگر کنارم نیستی

تو بگو .....

مرا چه چاره جز پناه به وادی واژه ها

جز آمیزش با دریا ی رویا ها

و جز آویزش از گیسوی ابرها

دلتنگ که می شوی.... دلتنگ که می شوم...

1372 - تهران – ایران

دریای من

دلتنگ که می شوم

به دریایم می اندیشم

به آبهای الوان و آبی های مهربانش

به ژرفای نا پیدا و بیکران بی پایانش

که می شویدم و آرامم می کند

دلتنگ که می شوم

به دریا ها می اندیشم

به زمزمه ها و رازهایش ....

به وسوسه ها و نازهایش ....

به رگهای بنفش و تاجهای سپیدش...

و عشق ارغوانیش....که پناهم می دهد و آرامم می کند

می اندیشم : ....

آیا در کنارم خواهد ماند؟ ... یا خواهد گریخت؟

آیا غرقه ام خواهد کرد؟

دلتنگ که می شوم

من در دریا جاری می شوم . . . دریا در من

هر دو رام و نا آرام

دلتنگ که می شوم..........

بل در بل باران

دلتنگ که می شوم .....

سر برسینهء ابرها می گذارم

و بسویِ تو می بارم

سربر قدم رودها میگذارم .....

و بسوی تو سیلاب می شوم

بارانی در دلِ صخره ها ... سیلابی بر جانِ جاده ها

دلتنگ که می شوم

با باران های کبود، به شِکوِه می نشینم

و در غارهایِ قیرین ؛........ به فریاد می ایستم

من روانِ نرمِ آب ها را می شناسم

و دل لطیف کوه ها را

و با آنها از تو می گویم

و گاه می ایستم . . . . خیره بر تخیلات و رویا ها

تا باز هم ترا بیابم . . . اما،

من که آتش و خورشید بوده ام

سرما را می بینم در جان خورشید

و ظلمت را در روانِ آتش

دلتنگ که می شوم . . . همراه باران می بارم

می بارم.....

در سوگ آرامش آبی

دلتنگ که می شوم ....
به وادیِ فصل ها و نسلها پناه می برم
سرزمین فصل هایِ سبز.... نسل هایِ ماندگار
و رایحه ای گرم و ارغوانی، ... جانم را آرام می کند
بلندای برج هایِ دیدار... زمزمه هایِ زلال
و باروریِ باروهای استوار
در تنگنایِ کوچه هایِ آشتی
و پچپچه هایِ مهر.... در دهلیزها وهشتی ها
و ابدیت جاری درنهرها و جوی ها
با من به گفتگو می نشینند
آبی ابرها.... رویایِ پنبه های سپید
سِحر جاروی پیرزنِ جادوگر
و سفرهایِ اثیری کودکی
خانه ها و نسیمِ سرداب؛... خُم ها و آشیانه هایِ سراب
و گذرانِ زندگی در نقوشِ شراب
در چشمانم به رقص در می آیند
غروب های بنفش.... یاس سپید روزها
یأس کبود آرزوها ... و بنفشه های بهار
شب ها و شمدها....وصنم سودای بهار خواب ها
زندگانیم را سرشار می کنند.

آلاچیق هایِ تاک... و سایه هایِ بید مجنون

بر ایوان های چهار دری و مهتابی

نوایِ قوری و غُلغل قلیان

سماور همیشه روشن بر تخت چوبی

رایحهٔ نانِ سنگگِ گرم و پنیر تبریز

آوای مثنوی خوانی پدر بزرگ

و نجوای لالایی مادر بزرگ ... شادیِ فواره های کوچک

آرامش آبیِ کاشی ها ..... ماهی هایِ قرمزِ رقصان

پاشویه هایِ همیشه نمناک.... و بچه گربه هایِ شیطان

طنازیِ وسوسه گرِ حوض ها

هر چند همگی گذشته ؛...... یا در گذشته اند

و اجساد تهی شان را.... چونان گور

از خاک مرده پُر می کنند

اما ؛ شادا.....

که رویش گرم حضور تو در کنارم

جان و جهانم را آرام می کند

و تمام دلتنگی هایم را می شوید ....

تهران – فروردین 1373

راه در نگاه

دلتنگ که می شوم

بی اراده می باید روانه شوم

دیگر نه تابی می ماند و نه قراری

نه سَمتی می ماند و نه سویی

چشمانم را می بندم و جاری می شوم

همه ترانه ها ؛ از تو میگویند

و همه راهها ؛ بسوی تو می آیند

دلتنگ که می شوم

دری در دلم گشوده می شود، . . . و راهی در نگاهم می روید

و می دانم ؛ همه گامهایم بسوی توست

و همه ی شعرهایم از آن تو

آن گاه که باید بیایم . . ،؛ تو می خوانیم . . .

سر انگشتانت دلم را و تمامی دلتنگی هایم را در ساکی می ریزد

می آیم ؛ تا همه پلشتی ها را در آبی روانت بشویم

می آیم ؛ تا تو، از نو در جانم نشینی . . .

تا من، از نو بسیرایم

دلتنگ که می شوم

تهران – ایران   6- 2- 1372

روزنه ای روشن

دلتنگ که می شوم . . . . .

در آرزوی روزنه ای روشن میان روزها

آب می شوم . . . و می بارم

بربام ثانیه های سرد. . . واژگان پژمرده

نگاه های واژگون

و جاری می شوم . . .

در دلِ دریاهای نامکشوف

و می رویم . . . در طنین تارهای ترانه

***

با پاپوشی از سَحَر و سپیده . . .

بر سیاهترین سیاره گام می نهم

با انبوهی از خورشید و ستارگان در کف دستانم

دریغا . . . بدون تو و حضور عشق . . .

در ژرفای حفره ای ظلمانی

ناگهان سرنگون می شوم

دردم ، نهفته به

دلتنگ که می شوم
زمین و زمان را
آسمان ها را ، به پرسش می گیرم
خدایا..... خداوندا ...... چرا ..... چرا......؟
بر هر چه سر بگذارم
بر هر چه دیده دوزم
خون می شود
خشک می شود ...دود می شود

خدایا ... خداوندا ... چرا ...؟
به هر سوی پای می گذارم
به هر دل دست می سایم
آسمان یا زمین . . . پر از مهر یا کین

دریغا...
خون می شود . . .
خشک می شود . . . دود می شود
دریغا . . .... دریغ . . . .
دلتنگ که می شوم ...
خدایان را به پرسش می گیرم

تهران – بهمن 1371

شانه های انس

دلتنگ که می شوم

می خواهم در کناری بنشینم

سر بر شانه های گرم شعله ای بگذارم

در وجود اثیری لهیب آتشی ، گم

و در نسیان شرابی دریاها فراموش شوم

دریغا .... دیگر کنارم نیستی

دلتنگ که می شوم ... می خواهم در کنارت بنشینم

سر برشانه هایت بگذارم....... ...بگویم و بگریم

و در نسیان امواج خنده های جادویت فراموش شوم

دریغا.....دیگر کنارم نیستی

تو بگو

مرا چه چاره جز پناه به وادی واژه ها ....

جز آمیزش با دریای رویا ها

و جز آویزش از گیسوی ابرها

دلتنگ که می شوم

تهران .. بهمن 1371

فهرست اشعار قومی و قبیله ای

عنوان	صفحه
۱- آویخته از ابر	۲۰۰
۲- حریم	۲۰۲
۳- تیغ در پهلو و خار درچشم	۲۰۳
۴- تاریخ بی زمان.... زمان بی تاریخ	۲۰۷

آویخته از ابر

و من ..... وما بر لبه ی ابر ایستاده
و یا از آن آوریخته ایم
اندیشناک ازهر باد و هر آه ...
و در دوردست رؤیاها ...
به افق لرزان زندگی می نگریم

گاهی با وزش کمترین نسیمی.... یا خیزش طوفانی
زیستگاهمان ... تغییر شکل و نام و مکان می دهد
دیگر میشود ... وبه جائی د یگر میرود ...
و باز هم ... بهم می ریزد زندگانی را

اما آن سو تر ...همه شادکامان راستین زمزمه می کنند...
وَه ... او چه خوشبخت وچه آسوده
او بر فراز ابرها .... برتر و بالاتر از همهٔ ما
***
ولی من و ما ،هم چنان ایستاده ایم ،.. استوار و غُران ،
لیکن، اندوهگین و نگران ، ...
در بی فردای مبهم زمان

هراسان از وزش هرنسیم وهر طوفان

خوفناک از باد ها و فردا ها . . .

اما ، هم چنان پایدار، امیدوار و خروشان

و باسنت ها و ریشه هایمان ،.. که آویخته برشانه هایمان ...

هم چنان   بر لبه ی ابر ایستاده ایم... یا آویخته ایم ...

ومن سر شار از شوق خدمت به انسان ها و خاک

و حرمت به خون ها و جانهای پاک

پر افتخار از میراث قدیم ...

و دل شکسته ازجفای یار و ندیم

با ریشه هایم ، که آویخته ازشانه هایم

و با پاهایم ؛ که با زنجیر احساس گره خورده است

به وطنم، به خاکم

آری ... آری...من ایرانیم، یهود یم..... و من ایرانی یهودیم

وهمواره این چنین بوده است و می باشد زندگانیم

انسینو -- 02/11/2013

" حریم "

دریا ؛ در حریم کسی نمی گنجد
دریغا..... ساحلی از آن من نیست
یا بر کدام خاکِ بی مدعی می توانم گذارد؟

آسمان ؛ ... در حریم کسی نمی گنجد
دریغا .... جای نفسی از آنِ من نیست
با کدام دَم و بازدم ، آرام می توانم گرفت ؟
سیاهیِ منتشر ، تباهی و تردید، منفجر ... و تسلیم سرمدی سراب
و همی گسترده . . . شمشیر شگرف عشق
و تاریخ شِگفت انسان ، غرقه در خواب
دریا ، زمین و آسمان .. ..؛ بی کران . . .
اما ، بیتوته در کدام ساحل ؟... نفسی در کدام زمان ؟
با ریشه هایی تنومند در تاریخ و قرون
شاخه هایم از کدامین آبی نور بنوشند ؟
عشق در حریم کسی نمی گنجد . . . .
دریغا ... آبی دریای نازا ...، آبی آسمان سترون
و من ... هزاره هایی است ...؛ در آرزوی گوشه ای امن
دریغا ... دریغ ...

استانبول 70/1/10 شمسی

" تیغ در پهلو و خار در چشم "
تورات مقدس – کتاب بمیدبار فصل 33

چشمانم بی اختیار می بارند ... هم خون می بارند
هم اشک می درخشد
آسمان زندگانیم طوفانی است

از آسمان ..... به جای باران رحمت
..... گویی تیغه های خون ریز می بارد
تیغه ای بر قلبم نشسته است
تیغه ای برستون فقراتم فرو رفته است
..... تیغه هایی در کتف هایم
آه ...... ادونای...... تیغه های خنجر و چاقو
سراسر روح وجسم و جانم را درهم کوبیده اند

***

آه .... سوختم ..... سوختم
نامرد ...... حمله از پشت سر
حمله به یک دختر 16 ساله .....
حمله به یک پسر نوجوان 13 ساله . ... ..

نامرد .... ؛ ترسو . . . .
حمله از پشت سر به یک انسان بی دفاع !
نا انسان ...... نامرد ..... دیو صفت .....
اگر به راستی مبارزی ..... اگر مردی !!؟
و به خیال خود .. اگر می خواهی با " آدمکشی " به بهشت بروی؟
لا اقل مَرد باش . . . نامرد ! ..... لااقل انسان باش!!
مردانه از روبرو به هم آوردِ مظلوم و طعمه ی خود حمله کن !

***

حتی واژگان در هم شکسته اند
و از بیان این معنای حیوانی درمانده اند
کلمات از هراسِ تیغِ قصابانِ انسان ستیز،
از اذهانِ آدمیان گریخته اند،
و واژگان در هم شکسته اند

جهان مدعی تمدن ساکت مانده است
مدعیانِ روشنفکرِ تاریک اندیش در جهان ،
و پرچمداران دروغین حقوق بشر ،
همگی چشم و قلب خود را بسته اند
گویی " یهودیان و کُردان و ارمنیان
و دیگر مظلومان جهان " بشر " بشمار نمی آیند

ما یهودیان و دیگر بی گناهان تاریخ .. در نگاه دیگران
چونان ، سنگ و صخره هستیم .. در میان هر راه،
باید کوبیده و صاف شویم برای عبور همگان

یا هیمه و هیزم ..... روئیده ... ؛ بیهوده در جنگل
که برای پاکی و صافی و صفای جنگل و جهان باید سوزانده شویم
و آنچه دیگران کمتر باور دارند یا اصولا باور ندارند ...

" ما هم انسان هستیم ؛ یکی بسان آنان "
نه ؛ مانند سنگ و گیاه در زمین ...، و نه ماه و ستاره در آسمان
همهٔ **ما**، هم فقط یکی ، چونان آنان هستیم یک **انسان**

***

ما یهودیان تنها مانده ایم.....
ما یهودیان..... حتی از هم دیگر هم جدا مانده ایم
یهودیان مدعی روشنفکری
و طرفداران نمایش حقوق بشر
حتی مسئولینِ ترس خورده و دشمن پرست عدالت در سرزمین نیاکان ،
همه غافل و ساکت مانده اند ....
و چشم بروقایع و حقایق جاری جهان فرو بسته اند
گویا همه جهانیان فراموش کرده اند

" ترحم بر پلنگ تیز دندان
ستمکاری بود بر گوسپندان "

ادونای .. .. اکنون به دامان کدام داور دادگردیگر پناه برم ... ؟
آنگاه که پدر و مادری... جلوی چشمان بیدار، و خیس و خیره ،
فرزندانشان قصابی می شوند ؟
کدامین انسانیت ......؟....،   کدامین عدالت...؟
آنگاه که دختر جوان 16 ساله ای... از قفا ... قصابی می شود ..... ؟
کدام مرهم .....؟   کدامین ترحم..... نمیدانم ؟
این قلب من است که تکه تکه شده است؟... و هم چنان می سوزد ؟
یا .... این جسم هم باور من است ....
هم قبیله هایم ، گریخته از دست دژخیمان نازی ،
اکنون در سرزمین پدری ام ....
در دام انسان ستیزان عاری از انسانیت؛ گرفتار آمده اند... ؟

***

ما .... مار یخ زده در آستین پرورده ایم ... و اکنون
در دامان این مارانِ انسان نمای ،
باز یافته جان ، گرفتار آمده ایم
و در درمان این بیماران خونریز درمانده ایم

***

قلبم ..... چشمانم .... خون می بارند...،
و ما تنها مانده ایم
اکنون ... به دامان کدام داور دادگر دیگر پناه برم ...؟

***

اما ... میدانم ..... این نیز بگذرد
همان گونه که دژخیمان نازی به غبار فنا پیوستند
این ماران و قصابان نیز ..... به همان راه میروند

***

اما ....، میدانم ....، این نیز بگذرد
من میدانم .... به روشنی می بینم
هر چند سخت .... هر چند صعب و درد ناک
هر چند تنها .... ما همگی تمام مظلومان جهان باقی می مانیم
و نور و صلح و شالم
از اورشلیم جهان را فرا خواهد گرفت

لوس آنجلس ؛ امریکا 2018 میلادی

تاریخ بی‌زمان؛ زمان بی‌تاریخ

غوطه‌ور و معلق . . .

در غوغای همه‌ی اعصار و هیچ مکان

در همه جهان‌ها و هیچ زمان . . .

از ازل تا ابد

از روی لُجه‌ی تاریک آب‌ها

تا نفیر شوفار (1) روز آخرین

از زمین کویر و آسمان خالی و بایر . . .

تا نفخه‌ی صور اسرافیل (2)

سپید و نومید . . . شاد و ناشاد . . .

آبی و کبود . . . محیط و محاط

در شرار شمشیر آتشبار (3)

زمین و زمان من کجاست . . . ؟ . . . . . .

تاریخ من کجاست . . . ؟

1- شوفار: شاخ قوچ که در عهد عتیق از آن بجای شیپور استفاده می‌کرده‌اند.

2- صور اسرافیل: بوق یا شیپوری که در روز قیامت توسط اسرافیل زده می‌شود و همه مردگان زنده می‌شوند.

3- شمشیر آتشبار: شمشیری که بفرمان خداوند از درخت ممنوع بعد از تمرد حضرت آدم محافظت می‌کرد.

***

هیاهو و همهمه ی خلقت .... هیا بانگ آفریدگان

و لجاج جغد بی لجام جهان

دستی که گریبان آبها را شکافت

برگستره ی آسمان ها شتافت

و بر سینه ی دیوار کاخ فاتح نگاشت

آن کلمه ای را ... که هرگز خوانده نشد

و هرگز دانسته نشد (4)

***

شادا ..... همه ی آفریدگان در حضور بودیم

من و درخت و خاک و تاک ... آب و آتش و آسمان

ماهیان ؛ خزندگان و پرندگان

و دریغا......... در نیافتیم و درهم شکستیم

عناد ورزیدیم و گسستیم

***

و من آنجا بودم... و اینجا هستم... و همه جا هستم ...

و هیچ ندانستم... آیا آنجا کجا بود ... ؟ آیا همین جا بود ... ؟

آیا آن لحظه ؛ کدامین لحظه بود ... ؟

---

4 – از قصه های تورات مقدس.

که عشق راستین هرگز نمی میرد . . .

و در عشق نامیرا ..؛ نور و شور... هرگز پایان نمی گیرد

و برای عاشق ؛ زمان هرگز نمی گذرد

***

دریغا .... در عمق یأس و نیستی

غرقه ام در مرکز دایره ی هستی مطلق و بی مرز و بی رنگ

در ستاره ای دورِ . . . دور . . . متولد می شوم

در خاک ..... در زمین . . . هستی می کارم

و در سیاره ای دور، نیستی درو می کنم

در کوره ها سوزانده و دود می شوم

و انبوه انبوه ؛ زیر توده های عشق و اندوه مدفونم

و در همه حال ؛ در زندگی سنگها و گلها

انسانها و تاریخ ؛ تکرار می شوم

آه . . . . . آبچشم های بهاران ؛

آبشاران فرو مرده در مرداب

سیلاب های خفته در برکهٔ زمان

دریغا...... هرگز ندانستم . . .

زمین بی مدعی من کجاست ؟

زمان آرامش من کجاست ؟

استانبول 1370 شمسی

فهرست اشعار شخصی و خانوادگی

عنوان	صفحه
۱ –بی که، نامی	۲۱۱
۲–آخرین دیدار	۲۱۲
۳–تو و خزان	۲۱۴
۴–جهان از آن من نیست	۲۱۵
۵–بی برگ بی باران	۲۱۶
۶–فصل افسانه	۲۱۷
۷–بهاران بی تو	۲۱۸
۸–بهاران و فرزندان	۲۱۹
۹– بادکنک	۲۲۰

بی که ؛ نامی
اولین سکته مغزی پدرم

آمبولانس بی وقفه آژیر می کشد
و رگبار باران . . . با مهر می بارد . . .
من و آسمان یکسان!!

و تو نامیده انسان که بی اعتناء در میانه راه ایستاده ای
چه میدانی . . . ؟
درون آمبولانس قلبی می طپد، . . . و چشمی می بارد !!

اما درختی استوار . . . خود را می تکاند
راه را می گشاید . . . .
برگ های الوان ؛ . . . . بارانی رنگین
و تو . . . . . ! فقط به جسم و چهره انسان
هم چنان ؛ در میانه راه ایستاده ای
بی ترحم ؛ بی مهر ؛ . . . بی هیچ شور و اندیشه ای !!!
رود گنجشکان . . . . آواز آژیر را . . . .
همهمه هستی را . . . . . نغمه ناقوس را . . . .
تا ابدیت همنوائی می کند

تهران خیابان پهلوی 70/10/25

آخرین دیدار

پرواز ابدی پدر 1371/8/22

پدر بزرگوار از دست رفته ام
هنوز هم همانجا ایستاده ای
بر سومین پله ؛ در آخرین دیدار
نگاهت ؛ جانم را روشن می سازد
و صدایت در همه ی سلولهای سردم نشسته است
" تا فردا "
و من نمی دانستم این آخرین دیدار است !
و نمیدانم آیا تو هم نمی دانستی ؟
یا میدانستی و هیچ نگفتی
تا من ندانم و در کنارت در هم نریزم
و در پایت ؛ هیچ نشوم
از پله ها با تأنی بالا رفتی
بالا تر و بالاتر .... تا آبی ها
آنقدر بالا که اکنون دیگر
دستم حتی به انگشتان پایت نمی رسد
اما ؛ نگاهت هنوز پر از لبخند و سپیده است
و صدایت ؛ هم چنان روشن و نورانی در جانم نشسته است

***

پدر بسیار عزیز و به سفر ابدی رفته ام
هنوز هم همانجا ایستاده ای
بر سومین پله ؛ در آخرین دیدار
سبز و آبی ... روشن و نورانی
اثیری و جادوئی
و عطر کلامت در کنجا کنج زندگانی ام
آخرین ترانه ی ترا می خواند :... " تا فردا "

آری ... هنوز و همیشه و همچنان
همان جا ایستاده ای
بر سومین پله ؛
در آخرین دیدار

تهران 1372 شمسی

تو و خزان

تقدیم به روان پاک پدرم

دلتنگ که می شوم ......
انبوه ابرها می آیند... ، در دلم پائیز می شود
غم بر همه جا می بارد
باران که می آید.....، مهر تو که می تابد
رنگین کمانی از رویا در چشمانم می روید
باغی از ترانه در دلم می شکوفد
و همه ی جهان ؛ فقط تو می شود

مهر تو که می آید
غم در مه .... محو می شود
فقط تو می مانی و می تابی
و من می مانم و بی تابی

عشق تو که می آید ..... من با یاد تو می بارم
با امید وصال و غوطه ور در رود رویا های تو ...
ابرها که می روند .... رنگین کمان رویاها محو می شود
و تو نیز با پائیز می روی ؛...
و من باز هم با باران تنها می مانم... و با یاد تو
و با تو.. و با عشقت که مدام می تابد...، و غم که مدام می بارد
دلتنگ که می شوم ....

تهران 1372

جهان از آن من نیست

تو .... دیگردر هستی...، نیستی
و نیستی ...... پنجه در پنجه ی من افکنده است
***
خفته ای زیر خروارها خاک
در حفره ای .... میان زمین
و غم تو ؛... آرامش من و خاک را آشفته کرده است
***
تو . . .
که آسمان و زمینم بودی
و همه ی همهمه ی هستی من
چگونه در آنی به فنا و به هوا پیوستی؟
***
آه . . . . .   تو چگونه رفتی ؟
من ؛ چگونه ماندم ؟

71/9/22   اولین ماهگرد فاجعه فوت پدر ارجمندم

بی برگ ؛ بی باران

اولین سالگرد جاودانگی پدرم

و آنگاه ؛ . . . عشق را که در کنارمان همیشه می جوشید
و به آرامی سبز و سرشارمان می کرد؛ گنگ بودیم
آنگاه که صدای همیشه ارغوانی مهر را
که در دلمان فوران می کرد، کور بودیم
و چشم همیشه روشن نور ، را
که در همه جا ؛ کنارمان جاری بود ، . . . کر بودیم
با تور و تبر ؛ . . . کر و کور ؛ . . . گیج و گنگ
به د ریا و جنگل ، دل ابر و آسمان رفتیم
و لحظه حادثه را باور نداشتیم
زان پس ، . . . درخت ؛ سیاه . . .
خاک ؛ سرد ، . . . و رود و دریا آرام شدند و امواج مُردند
در همه ی ایستگاه های تاریخ نعره ام پیچید
و پرسشم جاری شد ؛ چرا ... ؟ .. چرا...؟ برگِ پاسخی نبود
طوفان اندوهم ؛ کهکشان ها را کویری ساخت . . . .
برهوت برهنه ای، و پرسشم بلور بُرَنده ای شد ....
چرا . . . ؟ چرا . . . . ؟، . . . باران واژه ای نبود
حجمی ساکت ؛ سرد، ... بی ابتدا؛ بی انتها ؛ زلال و بی زوال
کوه مهری خفته...، و سنگ قراری برخاک.. برای تمام جهان
خون باریدم ؛ . . . . . سودی نبود . . .
کلید بهشت خاک، و افلاک ؛ بگردن شیطان آویخته بود
دریغا ..... دیگر عشق را در کنارمان ندیدم

تهران....... 22 /1373/8

فصل افسانه

در رثای والدین ارجمندم

ای برترین باور جهان
در فراسوی احساس و تماس آسمان
در ماوراء آبگینه و حدس و گمان
دیگر هرگز به دیدارتان امید نتوانم داشت

نگاهم بر ابرهای خالی خیره مانده است
دریاهاست ، خاطرم ... بعد از پرواز شمایان
همیشه تشنه مانده است
شمایان ؛ دیگر هرگزدر دستانم نخواهید شکفت
حضورتان . . . . در چشمانم
به فصول افسانه ها پیوسته است
اکنون بهارهاست . . .
باور رویش از رؤیا هایم گریخته است
عزیزانم خاموش بگویید
چگونه می توان پای برخاکی نهاد
که میدانم شمایان ، در دلِ آن خفته اید؟

71/8/22 شمسی ، پدر ..... 28 نوامبر 2006 میلادی، مادر

بهاران ؛ بی تو

در سوگ پدر ارجمندم

چگونه بی تو؛ هنوز زنده ام ......؟
دریغا... که دیگرهرگز ... نه شگفتی رازها ؛
نه شگرفی پرواز ها ... و نه شِکوه آوازها ؛
دلم را به تبسم نمی شکفند
برف بی امان می بارد . . . برهنه سر . . .
فرسنگ ها دور از مزار تو، بسوی برف می گریزم
می دوم ؛ می ایستم ؛ غرقه می شوم
اما جانم آرام نمی گیرد ... شسته نمی شود
چگونه زنده ام ....؟ ... نمیدانم ... نمیدانم ...
با پایان رویا ها . . . . و فقط امید دیدار؛ در دیار خاموشان ؟
به روشنی و طلوع دوباره خورشید هم ؛ دیگر باورم نیست
چه رسد به فردا..... که بهار بیاید ؛ یا نیاید
و بر زمین و زمان ؛ دست بکشد و عشق برویاند
یا همه عقیم وسترون بمانند
شادا . . . .
توکه رهیده ای و رفته ای و..... دریغا..
ما و من .... که خسته خلق ...شکسته جان ...
سرد دل .... و کبود
بی تومانده ایم.

لوس آنجلس -18-10-10

بهاران و فرزندان

(بمناسبت سالروز تولد شاروناى گلم)
هديه به خانواده ام

گل ها .... فقط در بهاران شكوفا نمى شوند ...
و نه ماه و ستارگان .... فقط شبها در آسمان ...
وحتى خورشيد هم ، همواره از مشرق طلوع نمى كند...

براى من ..... حتى در عمق زمستان....
بهاران با ديدار شمايان فرا ميرسد......
و گل ها هم .. .. در هر مكان و زمان، با لبخند شمايان مى شكوفند

و در لحظه هاى بودن و بالندگى شمايان
اى ، ستاره هاى جاودان ......در آسمان زندگى من
و شادمانه خورشيد را......
من فقط در درخشش برق خوشبختى در چشم شمايان مى يابم

همسرم ؛ فرزندانم ....
نوادگانم........
عزيزانم.....
اى بهترين بهانه هاى زندگانيم
ثمر و سايه ساليان طولانى تلاش و سرگردانيم....

بهاران من..........
هميشه فقط در دشت دستان و نگاه شما شكوفا مى شود

16 ارديبهشت 1392 ايرانى ...
6 ماه مى 2013

بادکنک

تقدیم به فرزندان و نوادگانم

بسان بادکنکی فراتر از ابرها...

برفراز شهرها ... آسمان خراش ها ...

کوه ودره و دریا را زیر پر دارم ...

اما... اندک اندک ... انرژی ام را از دست می دهم

و بتدریج به زیر فرود می آیم ...

تا احساس میکنم .... قدمی بیش

به سقوط کامل نمانده است ...

ناگزیر ... به دیدن فرزندان و نوادگانم میروم .. . ساعتی نمی گذرد ...

و دوباره احساس صعود وجودم را لبریز میکند...

آرام آرام ... بالا می روم ... بالا و بالاتر..بازهم بالاتر از ابرها

سرشار از انرژی دیدار امیدهای زندگانیم ...

آری ... آری ... این چنین است زندگانی من

صعود ... فرود ... صعود ... فرود ...

و مدام می اندیشم ... اگر لحظه ی دیدار ...

اگر لحظه ی دیدار ... اندکی دیر و دور شود... ؟؟

اندکی دیر و دور شود؟،اگر فرود به سقوط کامل انجامد ...؟؟

اگر ... اگر ... اگر ..

تولد 74 سالگی 2018 /10/20

تأملی در زندگی مهندس منوچهر کوهن

تولد، تحصیلات، ازدواج

منوچهرکوهن در ۲۸ مهر ۱۳۲۳ خورشیدی مطابق ۲۰ اکتبر ۱۹۴۴ میلادی در یک خانواده یهودی درتهران متولد شد و در سال ۱۳۵۱ خورشیدی (۱۹۷۲میلادی) ازدواج نمود وحاصل آن دو فرزند می باشد، دکترشهرزاد کوهن ودکتر شارونا کوهن.

● وی تحصیلات ابتدایی را در مدارس آلیانس، ساسان، فردوسی، و دبیرستان البرز به پایان رساند. وی در طول تحصیل همواره شاگرد ممتاز بود و درسال ۱۳۳۹ خورشیدی (۱۹۶۰میلادی) در مسابقات ریاضی دبیرستانهای تهران برنده جایزه اول گردید واز دکترعلی امینی نخست وزیر وقت ایران به دریافت جایزه و لوح تقدیر مفتخر گردید.

● ایشان همچنین درسال ۱۳۴۰ خورشیدی (۱۹۶۱میلادی) درمسابقات زبان انگلیسی American Fulbright Program برای تحصیل در دانشگاه آمریکایی بیروت برنده دوم گردید، لیکن به علت مخالفت والدین موفق به شرکت واستفاده از آن نگردید.

● وی در سال ۱۳۴۱ خورشیدی (۱۹۶۲میلادی) در کنکور ورودی دانشگاه تهران شرکت کرد و در کنکور دانشکده هنرهای زیبا دررشته معماری، جزو نفرات اول پذیرفته گردید.

ایشان در سال ۱۳۴۷ خورشیدی (۱۹۶۸میلادی) با درجه عالی وبا دریافت مدال و جایزه با عنوان آرشیتکت از دانشکده معماری هنرهای زیبا دانشگاه تهران فارغ

التحصیل شد و به عنوان دانشـــجوی ممتاز دانشگاه تهران به حضور شاه فقید ایران، " محمدرضا شاه پهلوی " شاهنشـــاه آریامهر با پروژه"مرکزجهانی برای تفاهم بین المللی"معرفی گردید وبلافاصله با دعوت ریاســـت "دانشکده صنعتی پلی تکنیک تهران"با سمت استادیار در"دانشگاه امیرکبیر- پلی تکنیک" تهران و هم چنین" هنرسرای عالی تهران" استخدام و بتدریس معماری پرداخت.

خدمات حرفه ای

• مهندس کوهن در ســـال ۱۳۵۱ خورشـــیدی(۱۹۷۲میلادی) شـــرکت مهندسین مشـــاور" لابیرانت" را با ســـمت مدیرعامل و ریاســـت هیئت مدیره تاســـیس نمـــود. وی همچنین درمدت ســـکونتش درایـــران طراحی و بازســـازی چندین مدرسه، بیمارستان، کلینیک‌پزشکی، مسجد، کنیسا، و حسینیه را بطور رایگان بر عهده گرفت.

موارد زیر از نمونه های این خدمات است:

• طراحی و نظارت دبستان وکنیسای زرگریان(دریک مسابقه بین المللی آلیانس فرانسه)-(افتخاری) - واقع در امیرآباد تهران.

• طراحی بازســـازی بیمارستان دکتر سپیر- کانون خیرخواه - (افتخاری) واقع درمیدان ژاله تهران.

• طراح وناظرمجتمع خدماتی حسینیه وکلینیک پزشکی امام حسین- (افتخاری) میدان فوزیه (امام حسین).

• ایشان همچنین سرپرست و مدیر بخش معماری محوطه سازی شهر ذوب آهن، آریاشهر اصفهان بودند.

• طراحی نهایی و نظارت بر ساخت بیمارستان دی واقع درخیابان پهلوی تهران- (ولیعصر فعلی).

• همچنان برنده جایزه اول مسابقه بین المللی طرح مسجد شرکت ملی نفت ایران (به اتفاق همکاران) واقع درمحمود آباد شمال ایران.

-مهندس مشاور و مسئول بازسازی شهرشوش(به اتفاق همکاران) پس ازجنگ ایران وعراق.

● دربخش خصوصی ایشان:
● طـــراح و مهندس مشـــاور ۵۰۰ واحد مسکونی"شـــهرک فرهنگیـــان دراراضی طرشت‌تهران"
● طراح ومهندس مشاور مجتمع مسکونی شرکت تعاونی مسکن سازمان ترویج و کشاورزی
● مهندسین ناظرساختمان آسمانخراش شیشه ای "بانک صنایع ایران" واقع در خیابان تخت جمشید -(طالقانی فعلی)
● طراح شهرک صنعتی پرسپولیس (قزوین- آبیک کرج)
● طراح شهرک مسکونی سهیل آباد کرج
● وی طراحی و نظارت، ده ها مجتمع صنعتی مسکونی وفرهنگی - اجتماعی، ویلا، و خانه های کوچک و بزرگ درتهران، شیراز، اصفهان، و شمال ایران را درطیفِ کاری خویش دارد.
● مهندس کوهن در سال ۱۹۹۶ میلادی برابر با سال ۱۳۷۵ خورشیدی پس از رهایی از زندان سیاســی جمهوری اسلامی اجبارا به آمریکا مهاجرت کرد و در سال ۱۹۹۷ میلادی موفق به دریافت لیسانس Real Estate در آمریکا گردید و به دامنه خدمات شغلی خویش افزود، که موفق به اخذ ده ها جایزه در این رشته گردید.
● مهنـــدس کوهن در آمریکا اولین مبتکر و مجری برنامه آگاهی دهنده تلویزیونی با نام "دنیای امـــلاک" درمورد قوانین و نحوه خرید و فروش املاک در کالیفرنیا و به ویژه محدوده لوس آنجلس بزرگ بود که با همکاری خانواده محترم بی بیان، تلویزیون جام جم به موفقیت شایانی بعنوان "بهترین و بالاترین فروشنده املاک" (Top producer realtor) دست یافت که خوشبختانه تاکنون ادامه دارد.

خدمات اجتماعی

منوچهر کوهن از ۱۳ سالگی به فعالیت های پیشاهنگی و اجتماعی پیوست.
● ابتدا درسازمان پیشـــاهنگی جوانان یهود تهران عضوگردید و پس ازچندی به عضویت هیئت مدیره سازمان پذیرفته شد. سپس ایشان به عضویت کاخ جوانان تهران درآمد و درمدتی کوتاه به عنوان معاون مدیریت "کاخ جوانان تهران" (معاونان نخست وزیروقت درامورجوانان توسط آقایان محمدعبدالله گرجی و ناصر خدایار)

منصوب گشت.

• وی همچنین از بنیان گذاران و اولین مدیرعامل "جامعه فارغ التحصیلان یهود ایران" بود و با همکاری شادروان دکتر باروخ بروخیم به عنوان رییس هیئت مدیره جامعه فارغ التحصیلان، خدمات اجتماعی تازه ای را آغاز نمود.

• وی همچنین از جمله بنیان گذاران "خانه جوانان یهود تهران در"خیابان مشتاق" و همچنین دراصفهان بوده و در زمینه فعالیتهای اجتماعی خود تا مرحله عضویت در کادر هیئت رئیسه انجمن مرکزی کلیمیان تهران با عنوان نایب رئیس، و پس از تیرباران جنایتکارانه زنده یاد "حبیب القانیان" - ریاست وقت انجمن کلیمیان - با حفظ سمت عملا مسئول انجمن مرکزی کلیمیان تهران گردید، که با همین سمت و بااتهام صهیونیست و جاسوس آمریکا درخرداد ماه سال ۱۳۶۳ خورشیدی(۱۹۸۴ میلادی) دستگیر و درزندان اوین بمدت ۲۶۹ روز در سلول انفرادی زندانی، و پس از اثبات بی گناهی آزاد شد.

امورفرهنگی و شعر

در زمینه امورفرهنگی وی در سال ۱۳۴۰ خورشیدی (۱۹۶۱ میلادی) و در سن ۱۷ سالگی اولین اندیشه های خود را به نگارش آورد و پس از ۵۸ سال همچنان بطورمداوم می خواند و می نویسد و می سراید.

• مهندس منوچهرکوهن در سال ۱۳۵۹ خورشیدی (۱۹۸۰ میلادی) " گروه شعر سه شنبه " را درتهران تاسیس نمود که تا سال ۱۳۷۳ خورشیدی (۱۹۹۴ میلادی) (سال خروج از ایران) به مدت ۱۴ سال فعالیت فرهنگی آن گروه بطورمداوم ادامه یافت. در آن جلسات که در اولین سه شنبه هر ماه در دفتر شخصی وی برگزار می شد. بسیاری از استادان عالیقدر ادب ایران از جمله استاد عبدالعلی دستغیب ... و شاعران و نویسندگان صاحب نام ایران ازجمله زنده یادان غزاله علیزاده، محمد حقوقی، نصرت رحمانی، محمد علی سپانلو، سیروس نیرو، وهمچنین سیدعلی صالحی، شمس لنگرودی، فرهاد عابدینی، حافظ موسوی، کورش همه خانی، و ده ها تن دیگر از شاعران معروف یا ناشناس آن زمان بطورآزاد و بدون هیچگونه محدودیت شرکت می کردند، به نحوی که در آخرین جلسات بیش از ۹۰ نفردر جلسات حضور بهم می رسانیدند. یکی ازمهمترین این جلسات برگزاری جشن تولد

و بزرگداشت شاعر ارجمند، زنده یاد نصرت رحمانی بود که با شرکت وی و افراد خانواده اش برگزار گردید.

• با صلاحدید و تاکید زنده یاد "مهدی احوان ثالث" شاعر بزرگ و سرشناس ایران، شعر " نوروز در مرداب" منوچهرکوهن (یاد آور نوروز ۱۳۶۷ خورشیدی درجنگ با عراق) برای اولین بار در یک صفحه کامل در مجله "آدینه" تهران چاپ گردیدو مورد تحسین بسیار قرار گرفت، و ازآن پس تاکنون آثار وی بطور مرتب درمجلات فرهنگی درون و برون مرزهای ایران چاپ و یا در رسانه های گروهی، رادیوها و تلویزیون های پارسی زبان سراسر جهان دکلمه می شود.

• ایشان همچنین سالها دبیر بخش شعر مجله وزین " ایرانشهر" چاپ لوس آنجس بوده است. ایشان افتخار عضویت در چندین گروه فرهنگی و شرکت در جلسات آنها را دارد.

• منوچهرکوهن همچنین یکی از**موسسین واعضای هیئت مدیره " کانون هنر و ادبیات ایرانیان در لس آنجلس"** می باشد که با همکاری دوستان واساتیدی همچون شادروان **دکتر نصرت‌الله ضیایی، استاد عباس پهلوان و استاد مجید روشنگر** در لوس آنجلس تأسیس گردید که به فعالیتهای فرهنگی ارزنده ای پرداخت که با فوت استاد " ضیایی" و ایجاد مشکلات اجرائی ، پس از مدتی از فعالیت بازماند.

• مهندس کوهن در سال ۱۹۸۹ خورشیدی (۲۰۱۰ میلادی) کتابخانه خصوصی خود را درلس آنجلس با دارا بودن بیش از ۳۰۰۰ عنوان کتاب درزمینه های گوناگون هنری، ادبی، فلسفی - تاریخی با همکاری زنده یاد" دکترنصرت‌الله ضیایی" تاسیس نمود که درخدمت دوستان ارجمند می باشد.

• ازمنوچهر کوهن تاکنون چهار مجموعه شعر بنام های " ذوق حضور" در سال ۱۳۶۸ خورشیدی (۱۹۸۹ میلادی)" در آوار دریا " درسال ۱۳۶۹ خورشیدی (۱۹۹۰ میلادی) و" برای که بسرایم " درسال ۱۳۷۵ خورشیدی (۱۹۹۶ میلادی) در تهران به چاپ رسیده است که همگی نایاب هستند.

• چهارمین مجموعه شعر وی به نام" مزامیر پنهان " در بهار سال ۱۳۹۴ خورشیدی (مارچ ۲۰۱۵ میلادی) و در آمریکا با همت استاد "مجید روشنگر" (ناشر فصلنامه وزین بررسی کتاب) به چاپ رسید که مورد استقبال گسترده ای دراکثر نقاط جهان واقع گردید ونقدهای متعدد صاحبنظران از جمله، **سرکارخانم دکتر"سیما داد"**

استاد سابق ادبیات تطبیقی دانشگاه سیاتل و همچنین اساتید " **حسین دهقان**" و "**عبدالعلی دستغیب**" از تهران بنحو بسیارمفصل و مشروح بر این مجموعه شعر نگارش گردیده که خلاصه نقدِ سرکارخانم دکتر سیما داد و استاد حسین دهقان در همین کتاب به چاپ رسیده است.

● پنجمین کتاب منوچهر کوهن یک اثر تحقیقی تاریخی در مورد" تاریخ معاصر یهودیان ایران " در ۴۱۵ صفحه در سال ۲۰۰۱ میلادی (۱۹۸۰ خورشیدی) درلوس آنجلس و با عنوان" **خاطرات جناب حاخام یدیدیا شوفط** که رهبرمذهبی واجتماعی یهودیان ایران" به مدت ۷۰ سال بودند به چاپ دوم رسیده است.

لازم به یادآوری است، این اثر مبنا و محور پژوهشهای دیگری در تاریخ معاصر یهودیان ایران قرار گرفته که از آن جمله است کتاب" بر بال خرد" نوشته گوئل کهن منتشره در سال ۲۰۱۰ میلادی. در این کتاب (بر بال خرد) با آن که بارها و بارها و حتی در برخی از موارد، پاراگرافهای کتاب منوچهر کوهن عینا درج گردیده از بردن نام ایشان و ذکر منبع خودداری شده است. آقای مهندس منوچهر کوهن پس از انتشار "کتاب بر بال خرد" این امر غیر حرفه ای و غیر اخلاقی را به آقای گوئل کهن یادآور شده اند ولی ایشان در یک دهه گذشته حتی از گذاشتن یک یادداشت در کتابهای باقیمانده دریغ کرده اند.

● مجموعه شعر" **سرزمین من ...بانوی من** " که در دست میباشد کتاب پنجم شعرِاوست که در ۲۳۰ صفحه و شش بخش شامل:

مقدمه/گزیده های نقد اساتید/گزیده اشعار ملی و میهنی / گزیده اشعاراجتماعی/ گزیده اشعارعاشقانه /گزیده اشعار دلتنگی ها / گزیده اشعار قومی قبیله ای / و گزیده اشعار خانوادگی ایشان می باشد.

منوچهر کوهن امیدوار است بتواند در آینده نزدیک دو جلد دیگر از اشعار جدید و همچنین خاطرات اجتماعی و سیاسی خود را به رشته تحریر آورد.

ناشر

شرکت کتاب

Manou Cohen Biography

Manouchehr (Manou) Cohen was born in Tehran, Iran, into a conservative Jewish family. He is a celebrated Poet and architect who received recognition from the late King (Shah) of Iran for his work and being the distinguished student of Tehran University.

He was the consultant architect on many urban projects such as the first High Rise building in Tehran, Mosques, Jewish Temples, Residential & Commercial Complexes, Hospitals, etc.

He is/has been a social activist all through his life and served as the vice-president of the Tehran's Persian-Jewish Central Committee during the 1979 Islamic revolution in Iran. He was arrested and served nine months of solitary confinement for the false charges of spying for Israel and the USA.

After miraculously getting released from the revolutionary guard's jail he immigrated to the USA.

Manouchehr Cohen's poetry and literature works has been influenced by deep beliefs in his Jewish heritage, Love of his Persian, culture, and hopes of freedom and peace for the people of the World & specially Iran & Israel. This book, "My Home Land, My Lady," is his fifth publication. The previous three poetry books, "ZogeHozor," "Dar Avar-e-Darya," "Bara-y-kee-Besarayam," published in Iran and sold out, and, currently are not available. His 4th book "Mazamir-e-penhan" published in USA.

His poetry has been positively reviewed by many influential and renowned Persian writers such as late Dr. NosratZiaee, Mohamad Ali Sepanloo, Mohammad Hoghoughi and Mehdi Akhavan Sales, etc.

Ketab Corp. Publishing House

Dedication

Dedicating this book, to the three Lands that have formed me and my being.

1-The land of my forefathers, which has formed my roots & my thoughts: **Israel**

2-My motherland, which has formed my feeling & my poetry: **Iran**

3-My homeland, where I live & found peace and freedom of speech and my grandkids born in:
United States of America

Also dedicating this book to my wife and two daughters, who have been by my side through thick and thin of my life with unconditional love and support.
Also, my grandchildren, who are the true love of my life:
Michael Joshua & Jasmine Marouni
Elan & Emma Haronian

THANKS GOD

My Homeland, My Lady

By:
Manouchehr Cohen